本书为北京大学国际战略研究院资助项目成果

阿富汗的大国政治

钱雪梅 著

THE GREAT-POWER POLITICS IN AFGHANISTAN

中国社会科学出版社

图书在版编目(CIP)数据

阿富汗的大国政治 / 钱雪梅著. —北京：中国社会科学出版社，2017.6（2018.5重印）

ISBN 978-7-5161-9825-4

Ⅰ.①阿⋯ Ⅱ.①钱⋯ Ⅲ.①对外关系—阿富汗 Ⅳ.①D837.22

中国版本图书馆 CIP 数据核字（2017）第 025296 号

出 版 人	赵剑英
责任编辑	张　林
特约编辑	文一鸥
责任校对	郝阳洋
责任印制	李寡寡

出　　版	中国社会科学出版社
社　　址	北京鼓楼西大街甲 158 号
邮　　编	100720
网　　址	http://www.csspw.cn
发 行 部	010-84083685
门 市 部	010-84029450
经　　销	新华书店及其他书店

印刷装订	北京君升印刷有限公司
版　　次	2017 年 6 月第 1 版
印　　次	2018 年 5 月第 2 次印刷

开　　本	787×1092　1/16
印　　张	12.25
插　　页	2
字　　数	160 千字
定　　价	58.00 元

凡购买中国社会科学出版社图书，如有质量问题请与本社营销中心联系调换
电话：010-84083683
版权所有　侵权必究

目 录

第一章 阿富汗历史上的大国对抗 …………………… (3)
  第一节 阿富汗独立以前：大国争夺和强邻入侵 ……… (4)
    一 波斯帝国与马其顿王国的斗争 ………………… (4)
    二 中亚游牧部落南下 ……………………………… (5)
    三 莫卧儿帝国和萨法维王朝的争夺 ……………… (7)
  第二节 阿富汗建国及其政权特性 …………………… (8)
    一 杜兰尼王朝建立 ………………………………… (8)
    二 杜兰尼王朝政权的特点 ………………………… (9)
    三 王权争夺战 ……………………………………… (10)
  第三节 英国同俄国在阿富汗的博弈 ………………… (11)
    一 大博弈的兴起 …………………………………… (11)
    二 大博弈的主要特点 ……………………………… (12)
  第四节 20世纪阿富汗的大国政治 …………………… (18)
    一 1919—1978年：君主政权时期 ………………… (18)
    二 1978—1992年：人民民主党政权时期 ………… (22)
    三 1992年4月至2001年9月：内战和塔利班
       政权 ……………………………………………… (31)

第二章 当前主要大国在阿富汗的目标和战略 ………… (35)
  第一节 美国 …………………………………………… (36)
    一 美国在阿富汗的目标 …………………………… (36)

二　美国在阿富汗的战略及其实施成效 …………………（39）
　第二节　巴基斯坦 ……………………………………………（56）
　　一　巴基斯坦在阿富汗的目标 ………………………………（59）
　　二　巴基斯坦对阿富汗的战略 ………………………………（63）
　第三节　印度 …………………………………………………（75）
　　一　印度在阿富汗的目标 ……………………………………（77）
　　二　印度在阿富汗的战略及其实施结果 ……………………（80）
　第四节　伊朗 …………………………………………………（99）
　　一　伊朗在阿富汗的目标 …………………………………（101）
　　二　伊朗在阿富汗的战略及成效 …………………………（103）
　第五节　俄罗斯 ………………………………………………（117）
　　一　俄罗斯在阿富汗的目标 ………………………………（117）
　　二　俄罗斯在阿富汗的战略及其结果 ……………………（121）

第三章　中国在阿富汗的机遇和挑战 ………………………（132）
　第一节　中国在阿富汗的利益 ………………………………（135）
　　一　防止恐怖主义、极端主义和毒品渗透，确保国家
　　　　安全 ……………………………………………………（135）
　　二　维护阿富汗和地区和平稳定 …………………………（137）
　　三　保护和拓展海外投资利益，加强地区经济
　　　　合作 ……………………………………………………（138）
　第二节　2002年以来中阿关系新发展 ………………………（141）
　　一　中阿双边关系 …………………………………………（142）
　　二　地区和多边平台上的中阿关系 ………………………（145）
　　三　"一带一路"和"命运共同体"倡议对中阿关系的
　　　　影响 ……………………………………………………（147）
　第三节　理解阿富汗的政治生态 ……………………………（150）
　　一　阿富汗政府的发展战略目标及其挑战 ………………（150）
　　二　阿富汗的政治文化环境 ………………………………（161）

第四节　阿富汗大国政治的基本格局 …………………（166）
　　一　阿富汗大国政治的成因 ……………………………（166）
　　二　当前阿富汗大国政治的基本特征 …………………（168）
　　三　阿富汗大国政治对中国的启示 ……………………（173）

附录一　18—19世纪阿富汗国王及其在位时间 …………（179）
附录二　20世纪阿富汗君主在位年表 ……………………（180）
附录三　阿富汗人民民主党政权：总统
　　　　任期及其派别 ……………………………………（181）
附录四　当前阿富汗人口的构成：主要族群、语言和
　　　　信仰 …………………………………………………（182）
附录五　阿富汗34个行省的基本情况 ……………………（183）
附录六　各国对阿富汗的发展援助承诺
　　　　（2002—2011年）……………………………………（185）
附录七　非主权国家行为体对阿富汗的援助
　　　　（2002—2011年）……………………………………（187）
附录八　2012—2014年阿富汗可获外援预期
　　　　（单位：百万美元）…………………………………（188）

图表目录

图1 阿富汗行政区划(34个省) …………………… (2)
图2 1772年杜兰尼帝国疆域版图 …………………… (9)
图3 19世纪阿富汗作为英俄两大帝国的缓冲区 ………… (17)
图4 TAPI与IPI路线 …………………… (53)
图5 CASA-1000路线 …………………… (54)
图6 杜兰线以及巴—阿边境地区的跨界民族 ………… (58)
图7 阿富汗公路路线 …………………… (90)
图8 哈吉噶克铁矿的出海路线 …………………… (92)
图9 中国—阿富汗边境地区地势地形 …………………… (133)
图10 政治动荡的恶性循环 …………………… (159)

表1 美国在巴基斯坦的无人机打击行动 …………………… (41)
表2 亚洲之心—伊斯坦布尔进程的参与者 …………………… (73)
表3 亚洲之心—伊斯坦布尔进程的"信任培育措施"
　　(CBMs)小组 …………………… (74)
表4 2006—2012年阿富汗国内生产总值(GDP)和
　　消费价格指数(CPI)年均变化(%) …………………… (152)
表5 阿富汗社会发展优先目标的省区分布 …………………… (160)

阿富汗同中国、巴基斯坦、伊朗、土库曼斯坦、乌兹别克斯坦、塔吉克斯坦6个国家接壤，国土面积64.75万平方公里，设34个省，现有人口约3000万[1]，99%以上的人口信奉伊斯兰教，80%为逊尼派穆斯林，有数十个民族。2012年，阿富汗人均国民收入（GNI）680美元，预期寿命为60.5岁。[2]

本报告完成于2014年。研究发现，大国政治不是近现代的"发明"，而是贯穿这片土地的历史进程始终。阿富汗自古以来就是欧亚帝国和世界大国相互敌对和竞争的重要舞台。大国间的明争暗斗是阿富汗政治长期动荡不宁的重要原因之一。20世纪80年代美国同苏联在阿富汗的较量，孕育和滋养了包括基地组织在内的激进和极端主义力量。

---

[1] 有关阿富汗的人口、族群构成等基本数字，由于阿富汗持续动荡，并没有精确数据，有多种估算。中国外交部官方网站的数字为2900多万人（更新于2012年8月）。"阿富汗国家概况"，http://fmprc.gov.cn。世界银行发布的数字（2013年）是3055万人，按现价计算的国内生产总值（GDP）为207.2亿美元。参见 http://www.worldbank.org.cn/country/afghanistan。英国广播公司2014年7月估计为3130万人。"Afghanistan: Before and After the Taliban", http://www.bbc.com/news/world-asia-26747712.

[2] 过去10年，阿富汗的经济社会发展迅速。据世界银行统计，2004年阿富汗人均GNI为301美元（现价），预期寿命为57岁。2011—2012年甚至实现了14.4%的GDP增长率。当然，这种高速增长主要是建立在外援的基础上，很不稳定，2012—2013年增长率跌至3.6%，2014年为3.2%。http://databank.worldbank.org.

2 国家智库报告

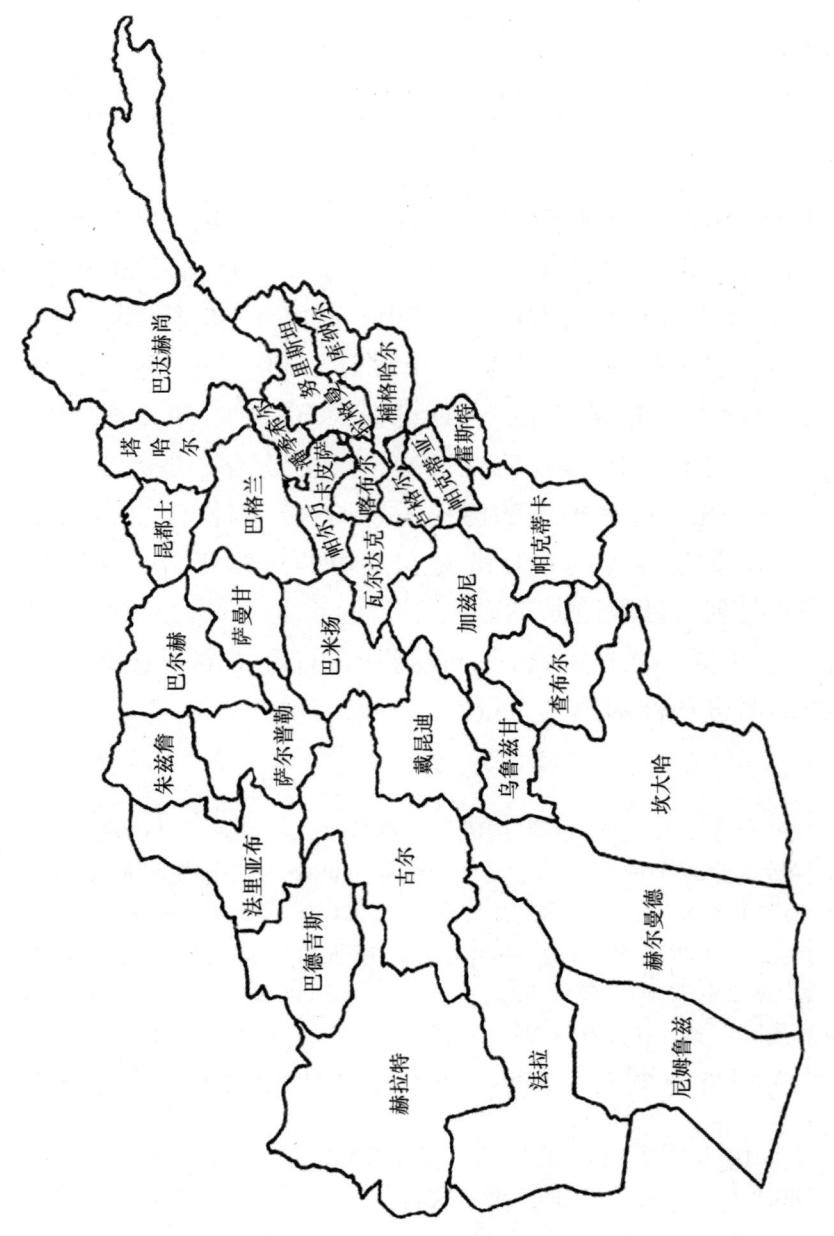

图 1 阿富汗行政区划（34 个省）

注：各省面积和人口参见附录五。

第一章　阿富汗历史上的大国对抗

用现代地缘政治理论去观察阿富汗历史，可以看到一部大国斗争与外族迁入、征服和劫掠史①。大国之间、相邻民族之间、本地部落之间的斗争与融合，构成了阿富汗历史最典型的特征。

今天称为阿富汗的地域在古代何以吸引外部征服者？关键在于它所处的地理位置。具体有三个方面：

一是它与能征好战的民族为邻。中亚的游牧部落常常南下袭击定居民，以夺取生活资料。如同伊本·赫勒敦在《历史绪论》中所描述的沙漠文明同定居文明之间的关系那样，农耕文明往往无法抵抗骁勇善战的游牧民。生活在今天中亚腹地的游牧民族南下时，首先到达阿富汗。因此，阿富汗人历史上经历的第一种类型的"大国政治"是强邻入侵。

二是阿富汗在建国以前属于波斯帝国和莫卧儿帝国，之后与大国为邻，受大国相互征战的牵连。人们常说的亚历山大大帝远征阿富汗，实际上并非针对阿富汗本身（当时还没有现代意义上的阿富汗），而是他征服波斯和印度的一部分。帝国较量在19世纪表现为英俄大博弈。在20世纪又演绎出新的版本，

---

① 并非所有进入阿富汗的外族都是征服者或劫掠者。由于阿富汗北部和西北部有阿姆河和哈里河，所以不乏逐水草而来的中亚游牧民族。古代丝绸之路繁盛时期，阿富汗有大量外国商人往来或居住。

美苏之间的代理人战争登上阿富汗政治舞台。

三是争夺和控制商道。阿富汗自古是中亚同南亚、东西方之间的商贸通道。考古发现，6000年前便有巴达赫尚的青金石输送到印度的商路。古代的白匈奴南下征服贵霜王朝、近代沙俄南下图谋和英俄大博弈，都与商路有关。在当代，这种争夺隐含在若干连通和一体化方案之中。

第一节 阿富汗独立以前：大国争夺和强邻入侵

公元前6世纪中叶，随着阿契美尼德①国王居鲁士大帝向印度河流域扩展其疆土，阿富汗部分领土被纳入波斯帝国。大流士执政时期，波斯帝国在赫拉特、巴克特里亚（大夏）、加兹尼、坎大哈和白沙瓦谷地确立了统治。

公元前6世纪到公元前5世纪，波斯帝国同希腊之间的战争，是当时世界政治的主要内容。公元前4世纪后期，马其顿国王亚历山大大帝征讨波斯，在今阿富汗领土上建立了统治。从阿富汗的历史来看，这是第一个有据可查的"大国政治"剧目，可谓阿富汗大国政治的序幕。但从世界历史的角度看，它是希腊帝国同波斯帝国之间斗争的产物；马其顿远征的目标不是阿富汗，而是波斯帝国。

一 波斯帝国与马其顿王国的斗争

公元前6世纪晚期，波斯国王大流士远征希腊，小亚细亚的希腊城邦成为波斯帝国的统治区。薛西斯意图继承父亲大流士的西征战略，但是他的远征却促成了希腊人的团结。公元前449年，希波签订和约，波斯承认希腊城邦独立自治。

---

① 史家亦称之为阿赫门王朝，居鲁士创建，为亚历山大大帝所灭。

公元前334年，年轻的马其顿国王亚历山大大帝为创建"大希腊"，率军沿当年波斯西征的路线逆行，征讨波斯。公元前331年打败大流士三世，攻克波斯帝国首都波斯波利斯，宣告阿契美尼德王朝覆灭。之后希腊军队继续向东推进，进入阿富汗。

公元前330—前328年，亚历山大在今阿富汗的赫拉特、坎大哈、喀布尔、巴尔赫①分设东南西北四个总督辖区。他死后，帝位继承之争、军队哗变、被征服地区民众起义等多种力量汇合，使强盛一时的大帝国迅速走向分裂。孔雀王朝兴起以后，兴都库什山以南大部分土地（包括喀布尔）归属印度帝国。

之后2000多年，阿富汗的政治图景和宗教信仰发生重大变化，但亚历山大大帝的名字（Iskandar）和他妻子的名字罗克萨娜（Roxane）至今在阿富汗依然较常见。居住在今巴基斯坦—阿富汗边境地区的一些居民自称是希腊人和亚历山大大帝军人的后裔，比如努里斯坦人（Nuristanis）。20世纪，欧洲考古学家在阿富汗北部地区原大夏王国遗址发掘出大量希腊风格的物品，包括城池、宫殿、庙宇和城堡，等等。

二 中亚游牧部落南下

公元前303年，印度孔雀帝国夺取阿富汗南部地区的控制权。其后与塞琉古和平相处，共同促成丝绸之路。阿育王去世（公元前185年）后，孔雀帝国迅速衰落，中亚草原的一些游牧部落开始大规模南下，逐渐控制巴尔赫、喀布尔、巴米扬、赫拉特等商贸中心。到16世纪，阿富汗成为强大近邻觊觎和洗劫财富并争夺地盘的舞台。

---

① 阿富汗北部城市，位于阿姆河上游南岸。大夏（巴克特里亚，Bactria，公元前239年建立）都城。《史记》记作"蓝市城"，《元史》记作"班勒纥"。在阿富汗，巴尔赫被称为"诸城之母"。

较早南下的北方部落是讲波斯语的帕提亚人、斯基泰人和月氏人①。月氏贵霜帝国时期,丝绸之路相当繁荣。4—5世纪白匈奴②势力兴起,南下摧毁贵霜王朝,控制了纵贯巴尔赫、喀布尔、贾拉拉巴德、白沙瓦、新德里的商路。但6世纪中叶波斯萨珊王朝及其突厥盟军联手打败了白匈奴。白匈奴人给阿富汗社会文化留下了深刻的烙印,据说今普什图人的部落结构、风俗和语言,与白匈奴人有不少相同之处。③

突厥人10世纪南下在阿富汗建立了伽色尼王朝(962—1186年),他们给阿富汗带来的最大影响是伊斯兰教。伽色尼王朝以"用激烈方式推进伊斯兰教而著称于世",帝国缔造者马茂德"第一次有效地把印度教从阿富汗地区清除,最终使阿富汗成为世界上最纯粹的穆斯林国家之一"。④

13世纪初,蒙古大军南下征服和劫掠。阿富汗城镇居民流离失所,农村灌溉系统普遍被毁,人们为了躲避蒙古征服者而撤退到偏远崎岖的山区。巴米扬、赫拉特和巴尔赫地区的居民则顽强抵抗成吉思汗及其子孙的征服和统治。

---

① 帕提亚人南下后重建了波斯王国。斯基泰人(Scythians)在波斯文化传统中被称为塞克人或塞西亚人。月氏人又称为贵霜部落。而在中国文献中,帕提亚即安息,塞克人称为塞种人。

② 中国史书称"嚈哒人"。

③ 这是19世纪英国著名人类学家H. W. Bellew的发现。他列举了今天普什图瓦里的一些内容,比如殷勤好客、全力保护避难者、好战精神、不能容忍受制于人、种族自豪感、敏感于集体荣誉和个人尊严等。转引自Peter Tomsen, *The Wars of Afghanistan*, New York: Public Affairs, 2011, p. 27。

④ 早在699年,阿拉伯人就深入阿富汗传播伊斯兰教,并在追逐萨珊王朝末代皇帝的过程中征服赫拉特城(呼罗珊地区)。但是,传播伊斯兰教的努力在阿富汗其他地区长期遭到抵制,直到伽色尼王朝。沙伊斯塔·瓦哈卜、巴里·杨格曼:《阿富汗史》,中国大百科全书出版社2010年版,第3、57—60页。

这 300 年的历史"可能永久地改变了这个国家的特性"①：阿富汗古代发达的城市中心和农业基础设施从此未能恢复；迁移到山区的民众以家族—宗族—部落等小规模群体方式集中居住，几乎与世隔绝。由此，阿富汗一度十分发达的城市生活，被碎片化为马克思描述过的"村社"状态②：居民集中在诸多小型的、原子状并列的、彼此隔离的地区内自我管理，不存在整个社会层面的共同政治生活和权威，村社的边界很少变动，居民对王国的崩溃或分裂毫不关心。

三 莫卧儿帝国和萨法维王朝的争夺

16 世纪初，波斯萨法维王朝（1501—1736 年）和印度莫卧儿王朝（1526—1858 年）相继建立，今阿富汗普什图人大部分地区和喀布尔属于印度帝国，赫拉特等西部地区则属于波斯帝国。坎大哈在两大帝国之间摇摆不定，实际是两大帝国的缓冲，同时也是两大帝国斗争的战场。

波斯和印度在阿富汗的统治和争夺不同于远征而来的亚历山大。亚历山大推行了一系列被后人称为"希腊化"的建设，但波斯和印度帝国都无意发展和建设阿富汗，它们更多把阿富汗看作帝国边疆，"都不愿意付出在阿富汗确立长期存在所必需的资源，也不愿意恢复有着数百年历史的国际商路"③。它们也不同于早先南下的中亚部落，它们并不谋求劫掠或直接统治阿富汗，而是依靠当地雇佣兵来维护帝国利益，主要以收买来换取当地部落的忠诚。

两大帝国在阿富汗各有自己所倚重的部落：波斯帝国主要

---

① 沙伊斯塔·瓦哈卜、巴里·杨格曼：《阿富汗史》，第 65 页。
② 马克思：《不列颠在印度的统治》，《马克思恩格斯选集》第 2 卷，人民出版社 1972 年版，第 66—67 页。
③ Peter Tomsen, *The Wars of Afghanistan*, New York: Public Affairs, 2011, p. 29.

依靠阿布达里部落（后改称杜兰尼部落），并主要通过制造和操控部落之间的敌对来保持自己的控制权。莫卧儿帝国则主要依靠阿富汗东部的吉尔扎部落。吉尔扎部落又称加尔吉部落，它和阿布达里/杜兰尼部落之间长期对抗，不断冲突。

这种"代理人模式"延续至今。外部力量之间的矛盾冲突通过"代理人"模式转化为阿富汗人内部，乃至同一民族不同部落之间的敌对和分裂。在外部力量争夺的过程中，阿富汗的地方主义、部落宗派之间的对抗不断强化。

第二节 阿富汗建国及其政权特性

18世纪阿富汗建国得益于两大历史条件：一是萨法维王朝和莫卧儿帝国衰落；二是阿富汗内部强人兴起。不过，这时的内部强人并非横空出世，而是萨法维王朝培育的吉尔扎部落和阿布达里部落。

一 杜兰尼王朝建立

1709年，吉尔扎部落霍塔克宗族领导人米尔瓦斯（Mirwais Hotak）设计杀死波斯任命的官员，夺取坎大哈。13年后，米尔瓦斯的儿子马赫穆德（Mahmud Mir）夺取伊斯法罕，统治波斯帝国，1738年被纳迪尔·沙（Nadir Shah）推翻。纳迪尔·沙亲近阿布达里部落贵族。

1747年6月，纳迪尔·沙在波斯皇宫被卫兵暗杀，阿布达里部落贵族阿赫迈德·汗（Ahmad Khan）在坎大哈被拥戴为阿富汗国王，称阿赫迈德·沙·杜兰尼（Ahmad Shah Durrani）[1]。

---

[1] 阿赫迈德·汗就任阿富汗国王以后，给自己的头衔 Shah（国王）加上了"杜兰尼"（Durrani，意为"珍宝中的珍宝"），称 Ahmad Shah Durrani。相应地，他所属的阿布达里部落也更名为杜兰尼部落。时至今日，阿赫迈德·沙·杜兰尼被尊为"阿富汗之父"。

阿富汗国家正式诞生。

阿赫迈德·沙·杜兰尼国王在位期间（1747—1772年），杜兰尼帝国幅员辽阔：西起马什哈德，东至克什米尔和新德里，北邻阿姆河，南达阿拉伯海。

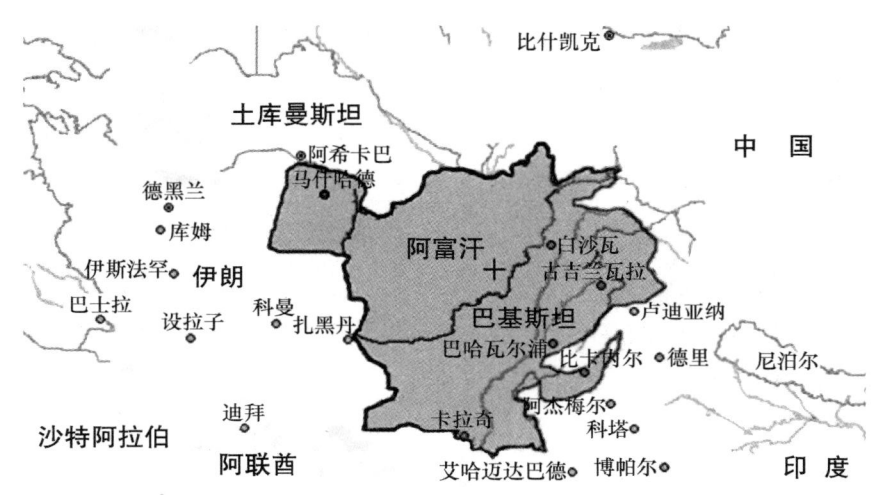

图2　1772年杜兰尼帝国疆域版图

二　杜兰尼王朝政权的特点

阿赫迈德·沙·杜兰尼国王是典型的克里斯玛型领袖，主要凭借个人魅力，依靠各部落提供的军队进行帝国征服战争。他鼓舞士气的法宝不是严格的纪律命令或民族主义感情，而是战利品的诱惑，即允许士兵占有全部战利品。也就是说，他通过激发士兵的私欲而非培育军队的团结和公心，来创建帝国大厦。但他完成了前所未有的伟业，统一了大多数普什图人部落①。

---

① 有学者认为当时普什图人开始出现一种民族意识。参见沙伊斯塔·瓦哈卜、巴里·杨格曼：《阿富汗史》，第78页。

杜兰尼国王对行政事务缺乏兴趣①。他没有建立全国性的中央管理体制，没有统一军队，而是依靠与强大的家族和部落联姻、结盟或金钱收买等方式，换取部落酋长的忠诚，他"通过普什图人部落酋长实行统治，但他并不统治这些部落酋长"。结果，部落体制几乎完好无损，地方传统权威不断增强，乃至杜兰尼王国"本质上是一些独立的部落酋长国的联盟，只有最少量的国家属性（statehood）"。②

这奠定了迄今阿富汗政治权力的基本结构：国家权力同民众之间，隔着地方传统权威。这不利于后来阿富汗国家对内主权的实现。部落酋长们的合作和服从以感情、道义和金钱交易为基础。感情和道义容易消失，金钱交易则可能随更大买家而转向，新的国王可能仅因所付资金不够多，便遭到部落的背叛和摒弃。

三　王权争夺战

阿富汗没有长子继承权的传统③，普什图法则的核心是平等和平等竞争。1772 年阿赫迈德·杜兰尼国王去世后，他生前指定的继承人、二儿子提姆尔·汗（Timur Khan）遭遇其余王子自封为王的严峻挑战。提姆尔最后杀死同父异母兄弟，得掌王权。

1793 年提姆尔去世。他的 23 个儿子再度展开王位争夺战：此后 46 年先后有 3 位王子 5 次执政（参见附录一），两代重臣死

---

① 沙伊斯塔·瓦哈卜、巴里·杨格曼：《阿富汗史》，第 80 页。

② Peter Tomsen, *The Wars of Afghanistan*, New York: Public Affairs, 2011, pp. 33 - 34.

③ Ibid., p. 36.

于非命。① 王子们相互倾轧，各自占地为王，杜兰尼帝国四分五裂，赫拉特和坎大哈脱离喀布尔政权，许多地区处于无政府状态。

酋长同国王之间不稳定的统治—联盟关系、王子间的权力争夺，给外国力量干涉和争夺阿富汗提供了重要机遇和抓手。1839 年的英国—阿富汗战争由此爆发。19 世纪，英国和俄国借此在阿富汗大博弈。

第三节　英国同俄国在阿富汗的博弈

一　大博弈的兴起

19 世纪，印度次大陆成为大英帝国贸易繁荣的支点以及帝国在亚洲进一步扩张的战略根据地，所以英国对印度安全格外敏感。19 世纪中后期，俄国在征服希瓦和土尔克斯坦后深入中亚腹地，当时俄国"从北方进攻印度的计划，已经不再是模糊不定的意图，而是具有相当明确的轮廓了"。恩格斯判断，如果俄国继续保持其扩展速度、精力和始终不渝的精神，那么"再

---

① 1793 年，提姆尔的儿子扎曼·沙（Zaman Shah）在穆罕默德扎贵族、老臣潘达·汗（Paindah Khan）的支持下上台。不久，扎曼试图推进帝国政治体制改革，旨在建立统一的中央政府和独立军队，改变之前依靠部落酋长提供安全保护的状况。因为意见分歧，扎曼杀死重臣潘达·汗。此举立即招致潘达·汗的儿子法特赫·汗（Feteh Khan）的报复，他弄瞎了扎曼并将他流放，转而支持王子马赫穆德（Mahmud）和舒贾（Shuja）。1818 年马赫穆德的儿子卡姆兰以一种疯狂的方式把法特赫折磨致死，引起法特赫家族所在的巴拉克扎宗族（属于穆罕默德扎部落）的全面暴动，马赫穆德和儿子逃往赫拉特投靠波斯。1826 年，潘达·汗的小儿子、曾任法特赫副手的多斯特·穆罕默德（Dost Moham-mad）夺取喀布尔政权。但同样由于权力斗争，北部巴尔赫和阿富汗南部地区保持实际上的独立。加上锡克人夺取白沙瓦地区，杜兰尼王国进入完全的无政府状态。有历史学家评论说，多斯特·穆罕默德执政初期，"充其量只不过是一个地方封建领主"。沙伊斯塔·瓦哈卜、巴里·杨格曼：《阿富汗史》，第 89 页。

过十年或十五年,俄国人就将直叩印度的大门……在征服这些地区方面,没有人能比得上他们"①。

就这样,英俄两大帝国的利益在中亚相遇,大博弈(the Great Game)② 全面铺开。阿富汗作为与沙俄所辖中亚汗国和英属印度交界的地区,是大博弈的核心。

二 大博弈的主要特点

第一,大博弈是英国和俄国两大帝国在政治意志层面的对抗。

政治意志是制定和实施战略的第一要素。政治意志的形成,不仅基于决策者主观设定的目标、其对客观形势的认知,还包括复杂的国际政治因素。

当时英国在阿富汗的目标主要有两点:(1)借道阿富汗,向波斯、中亚和远东扩张和渗透。(2)确保印度安全,防止阿富汗成为对手威胁印度的通道。19世纪初俄国锐意南下及其在波斯和中亚的重要进展,特别是1801年沙皇保罗一世下达准备向印度军事进攻的命令③,使英国"不得不为自己的印

---

① 恩格斯:《俄国在中亚细亚的进展》,《马克思恩格斯全集》第12卷,人民出版社1965年版,第636—642页。

② the Great Game 这个概念是大博弈的亲历者之一、效力于东印度公司第六孟加拉轻骑兵团上校军官康诺利(Arthur Connolly,1807—1842年)在1840年提出来的。后来因英国小说家、诺贝尔文学奖得主吉卜林(Rudyard Kipling,1865—1936年)的代表作《吉姆》(*Kim*)而闻名于世。20世纪初,"大博弈"成为欧洲特别是英国政治家、旅行家和外交官的流行语。在此基础上,H. 麦金德、K. 豪斯霍夫、M. 卡普兰等学者提出了系统的地缘政治理论,用大博弈来解释大国争夺世界领导权或者国际机制中的地缘因素。

③ 保罗一世于1801年1月24日向军队下达指令,准备向印度发动军事进攻。这项宏大的计划因保罗一世被暗杀而搁浅。Evgeny Sergeev, *The Great Game 1856–1907*, Washington D. C.: Woodrow Wilson Center Press, 2013, p. 68.

度帝国而斗争"①。

但从俄国的角度看,"南下"与其说是为了挑起同英国的对抗,不如说是它作为大陆强国试图扩大自己地盘的努力,因为它同时还在向东、西方向推进。尽管如此,由于印度当时已是英国的囊中之物,俄国南下扩张在英国看来无异于抢夺,所以对俄充满疑惧。

基于两大帝国边疆推进与边疆防守的意志冲突,大博弈的实质是争夺对中亚地区的控制权和影响力。两国都相信,安全即为优势。

第二,除现实政治经济利益外,大博弈还带有价值观元素。

大博弈无疑首先是一场政治经济利益的争夺。但是,与基督教文化密切相关的"文明使命"论也渗透其中:或是作为博弈参与者个人的理想和信念,或是作为两大帝国动摇和否定对手、争取当地盟友的一种现实政治工具。

英国基督徒的福音冲动内含于大博弈中。康诺利提出"the Great Game"这个术语的初衷,所谓 great 不是指大帝国之大,而是强调该游戏有一个"伟大的起源",即"上帝传播基督教的设计",是在中亚进行的"一场灵性的、反奴隶制的、自由的十字军"。他相信英国是"人道保护者和文明先驱",能够帮助布哈拉、希瓦、浩罕等中亚汗国摆脱落后和专制,得到自由。康诺利认为自己和同事是上帝玩这个游戏的工具。因此,他还称大博弈为"一场高贵的游戏(a noble game)"。② 简言之,在康诺利看来,游戏真正的玩家是上帝,英国是上帝的工具,英国的使命是把中亚穆斯林汗国变成自由人道的国家。

大博弈实践中,英印政府装扮成自由的使者和神圣的保护

---

① 恩格斯:《俄国在中亚细亚的进展》,《马克思恩格斯全集》第 12 卷,第 641 页。

② Evgeny Sergeev, *The Great Game 1856 – 1907*, p. 4.

者，抵制沙俄向波斯和阿富汗的扩张。直到20世纪后期，英国历史学家依然称大博弈是民主英国为了保护中南亚地区的和平，同专制沙俄在中亚进行的竞赛。有人认为这体现了维多利亚时代的"英雄"观念和"帝国罗曼斯"，还有人称之为"发展模式"的竞争。① 但历史事实是，在此过程中，英国重构了同阿富汗的关系，乘机向北推进自己的势力，攫取阿富汗领土，划定了杜兰线。

沙皇的南下战略也带有明显的文明使命色彩。1801年，保罗一世下令着手准备进攻印度时说："我们的目标是摧毁英国人在印度的事业，解放被压迫人民，以便像英国人那样保护和领导他们……"② 沙俄军事分析家们相信，俄罗斯在"野蛮的中亚各国"负有文明使命，即促进中亚的发展，改革这些前工业化的社会。③

第三，英俄主要通过操控本地和周边政治力量来博弈，两大帝国没有发生大规模正面军事冲突。阿富汗的社会政治分裂随大博弈而加深。

英国和俄国在阿富汗都没有天然盟友和代理人。博弈的重要内容其实就是在当地培育盟友和代理人。杜兰尼王朝的王位争夺战给两大帝国提供了机遇。英国直接介入阿富汗王子间的斗争，利用阿富汗人对俄国的反感④，扮演调停人和保护人，谋求影响力。总体看，英国的博弈战术更富进取色彩，体现了

---

① Evgeny Sergeev, *The Great Game 1856 – 1907*, p. 7.
② Ibid., p. 68.
③ Ibid., p. 11.
④ 马克思指出，波斯同俄国有势不两立的仇恨，阿富汗人"一向认为俄国是其宗教的夙敌，是要把亚洲一口吞下的巨人。波斯人和阿富汗人都把俄国看做是天然的敌人"。因此，英国"只需扮成波斯和阿富汗之间的善意的调停者，坚决反对俄国人的入侵。假友好加上真抵抗，别的就什么也不需要了"。马克思：《对波斯的战争》，《马克思恩格斯全集》第12卷，第128页。

"前进政策"（forward policy）的实质。俄国则相对迂回，主要因为它的重点其实更多在中亚汗国、波斯和土耳其。针对俄国在其他战线的行动，英国在阿富汗都有所回应。

英国起初试图"把整个阿富汗攫为己有"①，遇挫后则试图把阿富汗作为缓冲区，同时尽可能扩大对阿富汗的控制权。其措施主要有三种：

● 政权更迭。用在旁遮普流亡多年的王子舒贾·汗（Shuja Khan）取代秘密交好沙俄的阿富汗国王多斯特·穆罕默德（Dost Mohammed），遏止沙俄南下。这直接导致第一次英国—阿富汗战争（1839—1842年）。

第一次阿富汗战争确立了一种模式：入侵者看似正义的借口—侵略之初的成功—扶植新政权但不成功—遭到激烈抵抗—双方僵持，最后外国军队撤离。

● 谋求对阿富汗外交的排他性控制权，防止喀布尔倒向俄国。这导致第二次阿富汗战争（1879—1880年）。战争的结果是，英国人利用阿富汗人内部的分裂，最终打败了抵抗力量。1880年7月，英国把王子阿卜杜·拉赫曼·汗（Abdur Rahman Khan）② 扶上王位，并达成政治协定：英国控制阿富汗外交事务；作为补偿，英国给拉赫曼政府提供资金和武器弹药支持，同时承诺不干预阿富汗内政。

受英国的控制和限制，阿富汗基本与外部世界隔绝。阿卜杜国王规定，未经政府许可，个人不能出国旅行。他还拒绝任何铁路或者电报线路进入国界，外国官方的专家数量保持最低水平，不允许英国的代理机构在喀布尔会见阿富汗国民等，这

---

① 马克思：《对波斯的战争》，《马克思恩格斯全集》第12卷，第132页。

② 阿卜杜·拉赫曼是多斯特国王的孙子，希尔·阿里的侄子。他以铁腕统治奠定了现代阿富汗国家的政治基础。阿富汗史家称之为"铁血埃米尔"（Iron Emir）。

些措施使阿富汗"比以前更加贫困和更加虚弱,也为他的后继之君制造了麻烦"①。

● 夺取普什图人土地。通过1880年政治协定,英国夺取了普什图南部地区。1893年用杜兰线②的方式划定了阿富汗"内政"的实际控制线,即今天巴基斯坦—阿富汗边境线。作为交换,英国允许拉赫曼汗向北、向东扩展。

得益于英国不干涉内政的承诺,铁腕国王阿卜杜·拉赫曼初步建立起统一的国家政治体制,包括中央权力体系、职业化军队、行政区划等。他以圣战名义,征服和统一了非普什图人居住的北部和中部地区。并在英国默许和支持下向北扩张。他还把不驯服的吉尔扎部落迁往北部地区,把东北部的卡菲尔斯坦改名为努里斯坦,并在努里斯坦强制推行伊斯兰化政策。

拉赫曼汗的征服和整合,奠定了现代阿富汗国家的基础,也种下了族群仇恨和教派矛盾的种子。北部地区的非普什图人至今坚持认为,"假若阿卜杜·拉赫曼没有得到英国人的支持,他将永远不能剥夺北部居民的独立"③。

第四,两大帝国有相互妥协、成全和合作。

大博弈起因于两大帝国边疆的推进与防守意志的对抗,但双方势力范围第一次真实接触是在1868年:俄国领土扩大到阿姆河流域,与阿富汗接壤。有趣的是,两大帝国势力范围真正接触时,并未爆发冲突。相反,双方在1872年达成协议:共同

---

① 沙伊斯塔·瓦哈卜、巴里·杨格曼:《阿富汗史》,第103—107页。

② 杜兰(Mortimer Durrand)时任英印政府外务秘书。他在1893年11月12日划定的这条1610英里长的边境线,得到阿卜杜·拉赫曼的认可。之后历届阿富汗政府都拒绝承认这条边境线。巴基斯坦建国以后宣布以此作为国界线。自那以来,杜兰线就是巴基斯坦和阿富汗之间矛盾的一大症结。

③ Brian Glyn Williams, *Afghanistan Declassified: A Guide to America's Longest War*, Philadelphia: University of Pennsylvania Press, 2012, p. 114.

承认阿富汗为"中间地带",确认阿姆河为阿富汗北部边界。由此形成了以阿富汗作为"缓冲区"的帝国默契。

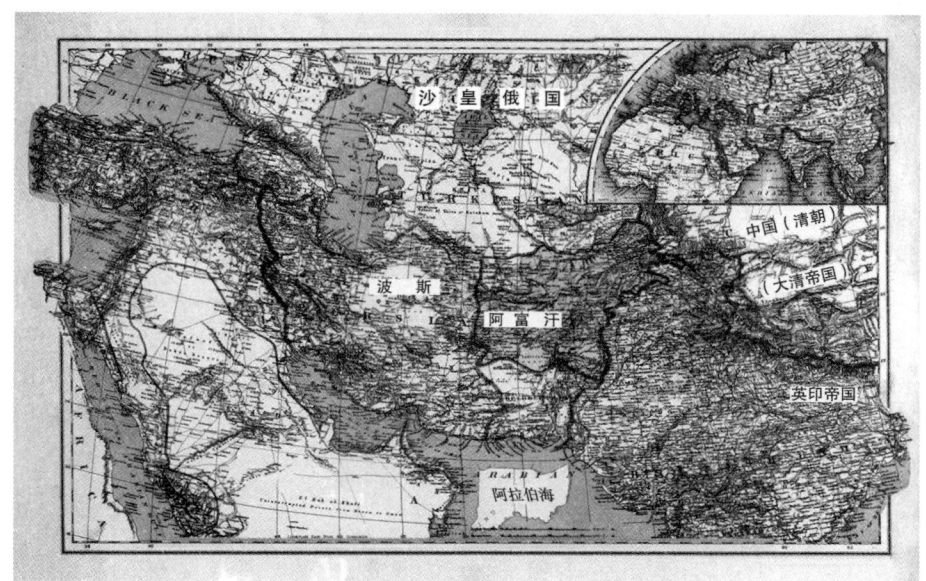

图3　19世纪阿富汗作为英俄两大帝国的缓冲区①

此后,两大帝国在阿富汗的博弈,更多带有交易和瓜分色彩。第二次英阿战争期间,沙皇拒绝阿富汗国王希尔·阿里(Sher Ali)的求助,成全了英国。② 1879—1893年,英国攫取阿富汗南部领土,沙俄没有反对。1895年,英国—俄罗斯边界委员会决定把阿富汗东部边境线向东扩展50英里到达中国,最终形成了两大帝国以狭窄的瓦罕走廊为界,以阿富汗为缓冲,各自独享阿富汗南北两侧霸权的状态。1907年,英俄在圣彼得堡签署协定,重新确认阿富汗作为两大帝国间缓冲区的

---

① http://www.history-map.com/picture/000/Afghanistan-Central-Asia.htm.

② Louis Dupree, *Afghanistan*, Princeton: Princeton University Press, 1978, pp. 421-424.

地位。

划定在中南亚的势力范围后，大博弈的原初动力不复存在。加之19世纪末20世纪初德国兴起，英俄两国的注意力集中于欧洲。1919年8月19日，英国同意阿富汗独立。苏俄随后也同阿富汗签署和平友好条约。大博弈正式结束，但大博弈的政治遗产至今仍在发挥重大作用。

第四节　20世纪阿富汗的大国政治

独立初期，阿富汗集中力量进行国家建设和现代化发展，对外努力奉行中立主义和均衡外交。20世纪50年代开始，阿富汗逐渐偏向苏联。现代化措施引发的国内政治矛盾依旧被外国利用，但大国操控阿富汗政局已越来越难。

一　1919—1978年：君主政权时期

这一时期，苏联支持亲苏君主政权，培育人民民主党力量。美苏在阿富汗的政治较量不明显，但苏联始终敏感于喀布尔对美国的态度。1978年4月，人民民主党推翻达乌德政权，建立阿富汗人民民主共和国。

1. 独立初期阿富汗的对外关系

和许多前殖民地半殖民地国家一样，赢得独立后，阿富汗政府致力于维护国家独立和政权稳定，谋求社会政治经济和文化的发展。但是，现代化改革因国内传统力量的反对而步履维艰、一波三折，政治矛盾日趋复杂。对外关系方面，独立之初，阿富汗政府积极融入国际社会。阿曼努拉国王时期（1919—1929年），苏俄通过承认阿富汗独立、提供军事和经济技术援助，逐渐加强两国关系。1919年10月两国正式建交，列宁送给阿富汗13架配有飞行员的战斗机和一大批技术人员。1921年5月，两国签署和平友好条约，苏俄承诺为阿富汗提供现金、技术和军事装备。1926年，两国签署互不侵犯条约。苏联大批技术专家在阿帮助实施国王的发展计划。①

纳迪尔·沙国王（1929—1933年在位）努力恢复均衡外交。他一上台，英国就送来了1万支来复枪和弹药，以及17.5万英镑的礼金。② 坐稳王位后，纳迪尔·沙辞退了阿曼努拉时期延聘的一些苏联专家，但同时也婉拒英国技术专家入境。喀布尔不再发表反英言论，不再支持英属印度境内的普什图人叛乱。

2. 从均衡外交转向亲苏立场

查希尔国王在位（1933—1973年）③ 初期曾试图在美国苏联之间谋求均衡，努力为国家经济发展争取国际资源和帮助。但由于美国的冷淡和地区国际关系局势变化，50年代中后期，阿富汗逐渐倒向苏联。

1934年阿富汗同美国正式建交。之后美国有限地参与阿富汗教育、贸易发展和石油勘探开发。1946年，美国进出口银行投资的赫尔曼德河谷工程建设遇挫后，华盛顿逐渐淡出阿富汗。

英国撤离，印度、巴基斯坦建国后，阿富汗的地缘政治观念和战略发生重大变化，喀布尔积极阻遏巴基斯坦，两国矛盾不断升级。1947年阿富汗是唯一投票反对巴基斯坦加入联合国的国家，随即它支持巴基斯坦国内的两大分裂主义运动：普什

---

① 沙伊斯塔·瓦哈卜、巴里·杨格曼：《阿富汗史》，第117页。
② 同上书，第125页。
③ 1933年11月，纳迪尔·沙被政变推翻，他19岁的儿子查希尔上台。查希尔在位期间，实权掌握在首相手中。查希尔的两个叔叔、一个堂弟和一名物理学教授依次担任内阁首相。其时间分别是：穆罕默德·哈西姆（1933—1946年）、沙·马哈茂德（1946—1953年）、穆罕默德·达乌德（1953—1963年）、穆罕默德·优素福（1963—1973年）。

图尼斯坦（Pashtunistan）运动①和俾路支人独立运动②。1955年当巴基斯坦决定调整行政区划，把国土分为"西巴"和"东巴"两大地区时，喀布尔支持巴境内的各种抗议行动。作为报复，巴基斯坦也多次拖延或禁止阿富汗货物过境，给阿富汗经济造成巨大困难。

1948—1954年，喀布尔先后四次对美国提出军售请求，均遭拒绝，因为美国当时在南亚主要支持巴基斯坦。在这种情况下，莫斯科慷慨伸出援手。1950年，利用巴阿断交之机，苏联同意阿富汗用羊毛和棉花换取石油，准许阿富汗进出口货物过境苏联。作为回报，苏联获得在阿北部地区修建储油设备、勘探开发石油天然气的权利。1955年阿富汗从捷克斯洛伐克购得价值300万美元的武器，不久又从苏联获得3250万美元的军火贷款③。

美国不愿意看到阿富汗倒向苏联。1955年它答应给阿富汗提供额外援助，包括军事培训和价值3500万美元的武器。④ 发展援助力度也明显增强：资助建设阿富汗主要城市连通巴基斯坦和伊朗边境的公路，帮助开通阿富汗民航（Ariana），出资在坎大哈修建大型国际机场等。但这些补救措施没能扭转喀布尔走近苏联的趋势。从20世纪50年代初开始，莫斯科帮助培训

---

① 普什图尼斯坦问题的根源在于阿富汗不承认杜兰线，认为这是英国人强加给杜兰尼王朝的。1947年巴基斯坦独立以后，阿富汗一批政治精英坚持主张，阿富汗有权收回巴基斯坦的普什图人地区，尤其是瓦济里斯坦。时任阿国防部部长的达乌德则梦想在巴基斯坦和阿富汗两国的普什图人地区建立一个普什图人的国家，由杜兰尼部落领导。这一运动称为普什图尼斯坦运动，用现代术语说，是普什图人的民族主义运动和领土收复主义运动。

② 详见钱雪梅《巴基斯坦俾路支民族主义探析》，《世界民族》2013年第3期。

③ 沙伊斯塔·瓦哈卜、巴里·杨格曼：《阿富汗史》，第135页。

④ 同上书，第136页。

的阿富汗军官把马列主义思想带进阿富汗。1965年，借宪政改革的机会，阿富汗成立了人民民主党。

在一定意义上，当时阿富汗是美苏暗斗的受益者。查希尔国王时期，美苏发展援助占阿富汗发展预算总额的80%[1]，阿富汗在教育、社会和经济方面取得重大成就。但副作用是阿富汗经济对外援依赖的程度不断加深。当20世纪70年代初资本主义世界经济危机和美苏冷战缓和导致外援减少时，阿富汗经济出现严重困难，直接危及查希尔政权的统治。

3. 苏联在阿富汗的代理人上台

1973年，苏联培训的军官和人民民主党（旗帜派）协助达乌德发动不流血政变推翻查希尔国王。达乌德总统试图恢复均衡外交路线，想在美苏之间保持等距离。这是苏联不能接受的，因为这意味着放弃自己在阿富汗对美国的明显优势。为阻止达乌德走得更远，1974年苏联在给喀布尔提供4.28亿美元的新援助并批准延期偿还债务时，增加了附带政治条件，即要求增强人民民主党的政治地位。这令达乌德感到不快。[2]

与苏联的要求相反，达乌德立即着手削弱政府和军队中的左翼力量，安排反共人士进入内阁以制衡人民民主党，用阿富汗人替换军队中苏联顾问的职位。苏联深感不安。1977年，勃列日涅夫要求达乌德驱逐北约和联合国派驻兴都库什山区的工程专家。遭到拒绝后，两国关系破裂。

达乌德随后宣布将于1978年访问华盛顿，同时展开大清洗运动，清除人民民主党在军队和中央政府的力量。1978年4月27—28日，人民民主党发动流血政变，推翻达乌德政权。给杜兰尼王朝画上句号，同时也结束了阿富汗作为大国缓冲区和中立国的地位。

---

[1] 沙伊斯塔·瓦哈卜、巴里·杨格曼：《阿富汗史》，第137页。
[2] 同上书，第147页。

二　1978—1992年：人民民主党政权时期

人民民主党执掌政权①，苏联终于实现了南下目标。但是，喀布尔政权并不俯首帖耳，阿富汗民众的反抗斗争此起彼伏。1979年12月苏联出兵阿富汗，美国以阿富汗抵抗运动为代理人，同苏联公开交锋。

1. 难以驾驭的阿富汗

阿富汗绝不是苏联的驯服的小伙伴，主要表现在两个方面：第一，普通大众不接受人民民主党政权。起先主要是由于人民民主党冒进的世俗化政策，1979年以后则因为它被视为苏联的傀儡。持续反抗和暴动严重制约了政权效能。第二，人民民主党本身也难以驾驭，党内派系和权力斗争激烈。

（1）激进现代化改革引发反抗

人民民主党上台后，励精图治，雄心勃勃地推行现代化改革。但大刀阔斧的改革措施同阿富汗传统政治文化发生矛盾，引发全国抵制，最终酿成统治危机。

1978年塔拉基（Nur Muhammad Taraki）政府上台在半年时间内连发八道政令，试图进行全面彻底的社会革命。这些改革措施看起来更多是表达共产主义信念和实现现代化的迫切愿望，比如其中第四号政令（5月15日）文件省去了穆斯林的经典开场句"奉真主之名"。第六号政令（7月12日）强制取消抵押贷款制度。第七号政令（10月17日）要求改革婚姻制度，废除嫁妆习俗。第八号政令（11月28日）强制没收14英亩以上的所有田产，以分配给无产者。

政令的执行过程也充满冲突隐患。比如扫盲班无视伊斯兰教传统行为准则而强令男女同在一室学习，向农村成年穆斯林文盲灌输无神论的马克思主义思想，等等。

---

① 人民民主党政权及其领导人见附录三。

其结果可想而知，普通百姓不能接受与伊斯兰格格不入的价值体系，宗教和地方精英不甘心放弃社会权威和地产。他们很快联手反抗政府，形成全国抵抗运动，哈扎拉贾特、巴达赫尚、努里斯坦等地区实际上脱离了喀布尔的控制。

1980年春，卡尔迈勒（Babrak Karmal）政府试图纠偏，主动同传统力量妥协。政府文件重新使用"奉真主之名"，还宣布废除土地改革政策。可惜为时已晚，地方权力联盟同中央政府之间的政治对抗已经形成，加上苏联军队占领使美国、巴基斯坦、沙特阿拉伯等国卷入阿富汗并大力支持抵抗运动，阿富汗局势持续恶化。

（2）人民民主党内部矛盾和权力斗争

受阿富汗根深蒂固的族群和地区矛盾的影响，人民民主党内部派系和权力斗争异常激烈。1965年1月，塔拉基和卡尔迈勒共同创建人民民主党，1967年便分裂为两大派别，塔拉基领导"人民派"（Khalq），卡尔迈勒领导"旗帜派"（Parcham）。两派都自称为"真正的人民民主党"，但其社会基础和主张大相径庭。塔拉基来自社会底层，人民派的群众基础主要是乡村普什图人。卡尔迈勒则出身权贵，旗帜派的主要成员是城市中产阶级和知识分子，另有不少塔吉克族和其他非普什图族成员，在军队根基深厚。政治上，人民派坚持拒绝同非共产主义力量联合，支持普什图尼斯坦运动；旗帜派相对更加温和务实，积极谋求同非马克思主义力量合作，主张通过渐进的方式过渡到共产主义。

1977年7月，苏联敦促两派联合组建新的中央委员会。但"两派在很大程度上仍然各自独立运行，而且彼此视为眼中钉"[①]。1978年四月革命后，人民派夺得权力并立即展开党内外大清洗，卡尔迈勒等旗帜派领导人出逃东欧。

---

① 沙伊斯塔·瓦哈卜、巴里·扬格曼：《阿富汗史》，第149页。

人民民主党的权力斗争还存在于同一派系内部。1979年年初，阿明架空塔拉基总统，独掌最高权力，连苏联的指导和权威也被他排除在外。他还试图让苏联大使和军事顾问撤离，并且为了增强自己的地位而借助宗教人士和部落领袖的力量。

让苏联最不能忍受的，是阿富汗可能倒向美国。阿明与美国驻阿富汗大使阿道夫·杜布斯（Adolf Dubs）往来密切。1979年2月阿明全力营救杜布斯的努力[①]被苏联认定为"将威胁到亲苏联的国家政权"[②]。克格勃甚至怀疑阿明是美国中央情报局的间谍。[③]

1979年11月底，苏联试图劝说阿明辞职遭拒，策划针对阿明的一系列暗杀行动均未成功。最终，12月25日苏联军队长驱直入，扶植旗帜派领导人卡尔迈勒上台。

2. 苏联出兵阿富汗

阿富汗持续动荡、阿明抗拒克里姆林宫的命令并偏向美国，是苏联出兵阿富汗的直接原因。表面看，出兵阿富汗似乎是苏联宏大战略规划的重要环节：利用美苏缓和的大背景，乘美国遭受伊朗伊斯兰革命冲击的历史机遇，占领并直接控制阿富汗。苏联出兵后，莫斯科和卡尔迈勒都公开声明，这是在履行1978年苏联—阿富汗友好合作条约的义务[④]。这似乎更证明了出兵是一个整体"战略预谋"的实施。

然而，历史进程的细节比这种事后的归纳推理复杂得多，

[①] 当时杜布斯大使被反对派劫持。美国反对阿明强攻救援，但阿明拒绝听从建议。结果救援行动失败，杜布斯身亡。

[②] 德瑞克·李波厄特：《50年伤痕：美国的冷战历史观与世界》下卷，郭学堂等译校，上海三联书店2012年版，第602页。

[③] 阿明曾留学美国。沙伊斯塔·瓦哈卜、巴里·杨格曼：《阿富汗史》，第171页。

[④] 根据条约，应阿富汗要求，苏联可以提供直接的军事援助。沙伊斯塔·瓦哈卜、巴里·杨格曼：《阿富汗史》，第176页。

有三点值得注意：

第一，意识形态是苏联不愿意放手阿富汗的诸多原因之一。

很难断言，苏联一开始就对阿富汗怀有意识形态目的。但地缘政治图谋在苏联的阿富汗政策中十分明显。从列宁时期到赫鲁晓夫时期，苏联同杜兰尼王室间的互利友好关系没有明显的意识形态色彩。1973 年人民民主党和受苏联培训的军官在达乌德政权中的重要地位，也主要基于他们参与政变的汗马功劳。随后苏联加大对达乌德政权的意识形态压力，试图确保人民民主党的地位。但即便如此，当时的政治压力更多是基于现实政治利益考虑，因为在阿富汗政府中多一些人民民主党力量，意味着可能少几分伊斯兰主义色彩，进而减轻苏联南部边疆的压力。

1978 年四月革命后，苏联同阿富汗的关系发生根本变化，两国关系具有战略层面的意识形态价值。苏共中央意识形态专家苏斯洛夫（Michael Suslov）把阿富汗人民民主党政权看作"证明社会主义是全世界不可避免的历史潮流"的重要证据。① 1979 年 3 月人民民主党政权陷入政治危机时，外交部部长葛罗米柯在苏共中央政治局强调说，"在任何情况下，我们都不能失去阿富汗"，否则将意味着世界范围内的革命事业遭遇沉重打击。②

于是有人把苏联出兵阿富汗同"布拉格之春"相提并论。认为莫斯科为了使忠诚的共产主义力量掌权，愿意采取一切手段，"不在乎为此要在国际上付出多大名誉上的代价"③。

第二，出兵阿富汗并非苏联当时优先和直接的选择。

1979 年苏联在阿富汗有两大目标：保住人民民主党政权，

---

① 苏斯洛夫的这一观点在苏联媒体和国际舆论引起热议。参见德瑞克·李波厄特：《50 年伤痕：美国的冷战历史观与世界》下卷，第 602 页。

② 沙伊斯塔·瓦哈卜、巴里·杨格曼：《阿富汗史》，第 168、171 页。

③ 米歇尔·曼德尔伯姆、斯特罗伯·塔尔伯特：《里根与戈尔巴乔夫》，韩华译，国际文化出版公司 1988 年版，第 143 页。

同时换掉阿明。莫斯科起初不想为此付出太多。所以它曾试图利用人民民主党的派系和权力斗争来达到这个目的：鼓励塔拉基设法夺回权力。在塔拉基和阿明争夺政府军队要职时，苏联的态度是观望和等待，从道义和精神上支持鼓励塔拉基，同时拒绝塔拉基的军事援助请求①。塔拉基死后，莫斯科又试图说服阿明让位给旗帜派的卡尔迈勒，遭到阿明拒绝。

"换人"的努力失败后，苏联还曾两次试图暗杀阿明，但未遂。最后克里姆林宫才决定派出军队，以支持卡尔迈勒"拯救祖国和革命"的名义，进驻阿富汗，枪杀阿明，"镇压反革命势力"。② 勃列日涅夫下令进军时，表示希望战争"在三到四周时间内完全结束"③。

可见，苏联起初并不想出兵，出兵的初衷也不是为了长期占领，而是为确保人民民主党政权，并换一个愿意听令于苏联的领导人。

第三，地区和国际局势是苏联出兵的战略机遇。

在冷战大背景下，苏联派兵必须考虑美国可能的反应。苏联对这一问题的基本判断是：美国不会出兵正面阻挠苏联的行动。④

苏联的判断有一定道理。除了冷战缓和外，当时美国在越南战争、石油危机和经济危机的连续冲击下，斗志和士气均处于低谷。卡特总统被认为是"一个弱势总统"。关键在于，伊朗伊斯兰革命和1979年11月德黑兰人质事件，使华盛顿无暇顾及阿富汗。而且美国对阿富汗依然没多大兴趣。1979年2月救援杜布斯的行动失败后，在卡特的建议下，在阿富汗的大约

---

① 沙伊斯塔·瓦哈卜、巴里·杨格曼：《阿富汗史》，第172页。
② 同上。
③ 德瑞克·李波厄特：《50年伤痕：美国的冷战历史观与世界》下卷，第602—603页。
④ 沙伊斯塔·瓦哈卜、巴里·杨格曼：《阿富汗史》，第172页。

2000名美国人4个月内几乎全部撤离。苏联则有约7500名军事顾问在阿富汗①,他们对阿军队有强大的影响力,这是苏联顺利出兵的技术保障。

不过,美国也没有完全袖手旁观。苏联出兵后,卡特政府公开谴责苏联,表示支持阿富汗独立。参议院拒绝批准美苏第二阶段限制战略武器协定,决定对苏联实行粮食禁运,取消对苏联的计算机销售,抵制1980年莫斯科奥运会。1980年1月,卡特授权向阿富汗抵抗力量提供武器弹药。但当时卡特总统的目的,与其说是为了争夺阿富汗,不如说是为了保护波斯湾;卡特认为,苏联入侵阿富汗是踏入波斯湾的第一步②。1980年国情咨文所强调的,也是美国将对任何试图控制海湾地区的"外部力量"采取军事行动。③

苏军占领在阿富汗激发了强烈的抵抗。阿富汗宗教领袖发布法特瓦(fatwa,宗教命令),要求穆斯林加入反苏"圣战"。世界各地的穆斯林响应号召,到阿富汗参加抵抗运动,他们被称为"穆贾西丁"(mujahideen,圣战士),主要以巴阿边境地区和白沙瓦为集散地。1980年起,美国和沙特阿拉伯的援助经过巴基斯坦三军情报局(ISI)统一管理并协调分配给各抵抗力量。巴军队在阿富汗的政治影响力就此打下了牢固基础。

3. 美国支持穆贾西丁反苏斗争

里根总统决心把莫斯科的优势"推回"到苏联边境线以内,

---

① 德瑞克·李波厄特:《50年伤痕:美国的冷战历史观与世界》下卷,第601—602页。

② 同上书,第603页。

③ 由此足见"卡特主义"的核心并不在阿富汗。但有趣的是,莫斯科担心,美国将会谋求把阿富汗作为新堡垒,弥补新近失去的伊朗阵地。勃列日涅夫说,真正的威胁是阿富汗成为"我们国家南部边界上的帝国主义的军事桥头堡"。沙伊斯塔·瓦哈卜、巴里·杨格曼:《阿富汗史》,第171页。

下令在阿富汗战争中使用"所有的必要方法"对付苏联①。为此，美国一面在联合国平台上要求苏联撤军，一面加大对阿富汗抵抗运动和巴基斯坦的军事支持力度。

散兵游勇式的穆贾西丁在装备和实力上原本远不敌苏联。但美国的支持缩小了两者的差距。里根政府给穆贾西丁提供的物资、资金、武器弹药、军事培训和情报等支持，几乎没有限度，且数量不断增加②，极大地提升了穆贾西丁的战斗能力。

苏联逐渐不堪重负。除了11万多人的驻军和直接伤亡代价外，莫斯科每月支持喀布尔政权运转的现金和武装达3亿美元。③ 1985年苏联经济更加困难，戈尔巴乔夫起初曾试图通过集中增加力量投入和升级战争的方式，在阿富汗战场上夺取决定性的战略优势。但里根针锋相对，把对阿军事援助增加到"可能瘫痪苏联军事力量的水平"，给穆贾西丁提供毒刺式导弹④。莫斯科试图扭转阿富汗战局的努力失败后，开始筹划脱身之道。

当时莫斯科试图抽身的努力同2009—2014年的华盛顿大体类似，集中于三方面：巩固喀布尔政权、宣布撤军并谋求和解、通过多边机制政治解决阿富汗问题。1986年5月，莫斯科扶植纳吉布拉（Mohammad Najibullah）上台。1987年年初，纳吉布拉宣布单方面停火，组建民族和解委员会，积极同穆贾西丁和解，但没有取得明显效果。1989年2月15日，苏联完成撤军。

---

① 德瑞克·李波厄特：《50年伤痕：美国的冷战历史观与世界》下卷，第686页。

② 比如1984年美国给阿富汗抵抗力量的援助为2.5亿美元，1985年达5亿多美元，1987年增至6.7亿美元。沙伊斯塔·瓦哈卜、巴里·杨格曼：《阿富汗史》，第201—203页。

③ 德瑞克·李波厄特：《50年伤痕：美国的冷战历史观与世界》下卷，第688页。

④ 同上书，第686—687页。

4. 阿富汗抵抗战争的影响

立足于阿富汗历史，九年反苏斗争是其抵抗大国征服和侵略、争取独立解放这一悠久传统的片段；苏联人则不过是重演英国人、波斯人、蒙古人或更早其他北方民族的角色。这幕剧的基本旋律是：大国气势磅礴地进驻，很快陷入困境，最终在全民抵抗中黯然离开，把土地重新交还给阿富汗人。苏联撤军也远非阿富汗大国政治话剧的终场，仅12年之后，美国踏歌而来。

苏联的阿富汗战争在地区和世界政治舞台上的意义主要在于：

● 穆贾西丁的反苏抵抗斗争既是民族抵抗和解放运动，也是里根打击苏联势力的战略环节。美国以穆贾西丁为棋子，协同全球其他战线的努力，拖垮了苏联①。在抗苏战争中，巴基斯坦军队负责执行美国援助穆贾西丁的战略计划，深深卷入阿富汗政治生活。

● 苏联占领期间，数百万阿富汗人外逃成为难民。一些阿富汗少年在巴基斯坦难民营中成长为塔利班的骨干力量。难民安置和遣返问题，是当前伊朗—阿富汗、巴基斯坦—阿富汗关系的一大症结，也是未来地区国际关系的重要变数。

● 阿富汗抗苏战争吸引了来自约30个国家的2.5万名穆斯林战士②。美苏在阿富汗的较量客观上给伊斯兰主义力量提供了近乎完备的练兵场。如美国所愿，这些"穆兹"（muj）的确"让共产主义者感到难受"③。但他们没有随苏联撤退而收兵。

---

① 彼得·施魏策尔：《里根政府是怎样搞垮苏联的》，殷雄译，新华出版社2001年版，第11页。

② 德瑞克·李波厄特：《50年伤痕：美国的冷战历史观与世界》下卷，第689页。

③ Muj是华盛顿当时对在阿富汗作战的穆斯林游击队的亲切称呼，可能是mujahideen的简称。彼得·施魏策尔：《里根政府是怎样搞垮苏联的》，第12页。

9年的并肩作战,使世界各地的穆贾西丁建立了密切联系和深厚友谊。本·拉登、毛拉扎卡维和毛拉奥马尔等人之间的私交即始于此;后来基地组织全球网络、基地组织同塔利班的联系也都由此孕育。阿富汗战争结束以后,穆贾西丁"职业游击队员"们转战其他地方,激进主义的政治伊斯兰很快在克什米尔、海湾地区、以色列、埃及、阿尔及利亚、中亚落地生根,在世界各地发动"圣战"和暴力恐怖袭击。

● 抗苏战争中约100万阿富汗人伤亡,其中大部分是青壮年男子,阿富汗社会元气大伤。战争加剧了喀布尔政权与地方力量之间的对立,抵抗力量则各自为政,使阿富汗政治和社会碎片化程度进一步加深。苏联撤退后,各政治力量相互作战,阿富汗政治动荡不宁。战争期间埋下的地雷、美国提供的武器弹药散落民间①,极大地危害阿富汗社会经济发展,加强了政治矛盾的暴力性和流血冲突的持续性。

美国学者在总结冷战历史时说,"如果1979年苏联让阿富汗人按照由来已久的方式自生自灭的话,世界在22年之后也不会遭受塔利班的撕咬"②。实际上,撕咬世界的,是源自阿富汗反苏战争的激进极端主义组织,以及在战争中不断加深的仇恨。所以历史的教训还可这样表述:如果美国不利用穆贾西丁作为棋子打击苏联,那么激进极端伊斯兰主义思想组织体系不会推进如此之快。塔利班谋求阿富汗政权;如果不是因为基地组织袭击美国并躲藏在阿富汗,它并未引起美国和世界足够的关注。与偏居一隅的塔利班不同,基地组织谋求统治世界,意图用政治伊斯兰秩序颠覆和取代民族国家体系,并且用了一种苏联在鼎盛时期也不敢尝试的方法:直接打击美国本土。

---

① 阿富汗至今依然是世界上地雷覆盖率最高的国家,据说还埋设有大约1000万颗地雷,而且多在山区。德瑞克·李波厄特:《50年伤痕:美国的冷战历史观与世界》下卷,第689页。

② 同上书,第807页。

5. 人民民主党政权垮台

1989年撤军后，苏联对阿富汗的援助持续了两年。年均三四十亿美元的援助①原本足以支撑纳吉布拉政权运转，但人民民主党内部的派系斗争再次爆发并很快升级为混战。联合国秘书长德奎利亚尔提出和平计划②后，1991年9月美国和苏联同意从1992年1月起停止对阿富汗的所有援助。1992年年初俄罗斯切断援助，建议纳吉布拉辞去总统职务，以便为建立过渡政府、实现民族和解铺平道路。4月10日纳吉布拉把权力移交给临时委员会，用一种和平的方式，结束了始于暴力并始终充满动荡的人民民主党政权时代。但是阿富汗并未从此走上和平道路，穆贾西丁内部的权力争夺战随即爆发。

历史的讽刺在于：美苏对抗时期，人民民主党得以上台并艰难维持政权达10年之久；当冷战结束时，人民民主党政权迅速土崩瓦解。一方面，这的确表明人民民主党政权是苏联的战略工具，其社会基础薄弱。但另一方面，1992年后阿富汗内战证明，人民民主党政权本身不是阿富汗政治动荡的全部根源。

三 1992年4月至2001年9月：内战和塔利班政权

在军阀混战中，1994年塔利班高举"恢复和平和秩序"的大旗异军突起，迅速夺取喀布尔政权。当时美国的注意力不在阿富汗，活跃在阿富汗政治舞台上的，主要是地区大国：巴基斯坦、伊朗、印度和沙特阿拉伯等各显其能，介入阿富汗内战。它们以培植代理人的方式相互争斗；形成类似于巴基斯坦—沙特阿拉伯联手对抗伊朗—印度的战略格局。

---

① 沙伊斯塔·瓦哈卜、巴里·杨格曼：《阿富汗史》，第212页。
② 1991年5月，联合国秘书长哈维尔·佩雷斯·德奎利亚尔提出阿富汗和平计划，呼吁各方停火，要求外国停止向交战各方运送武器，成立过渡政府组织大选，实现阿富汗和平。

1. 1993—1994 年阿富汗军阀混战

苏联占领时期穆贾西丁的共同特点在于高举"伊斯兰主义"和"圣战"旗帜,打击苏联及其支持的喀布尔政权。但他们从来不是统一的力量,阿富汗社会深刻的地方性矛盾渗透其中。在反苏战争中,穆贾西丁各有自己的地盘。1992 年 4 月 24 日,巴基斯坦协调大多数穆贾西丁代表签署《白沙瓦条约》,宣布成立统一政府。但部分军阀拒绝接受协定,拒绝把权力出让给穆贾西丁政府,阿富汗内战爆发。

2. 伊朗和巴基斯坦各执一方

伊朗和巴基斯坦直接介入内战,基本按部落—教派分界线支持各自的朋友。大体上,巴基斯坦主要支持普什图人,伊朗则支持哈扎拉人和塔吉克人。

不过,普什图人不是一个整体,并非所有的普什图穆贾西丁都乐意同巴基斯坦合作,比如著名的普什图民族主义者阿卜杜·哈克(Abudul Haq),就拒绝同巴三军情报局合作,2001 年 10 月他因为试图在阿富汗东部地区组织抵抗塔利班的运动而被塔利班处死。

同时,巴基斯坦也没有把自己的活动范围限定在普什图人以内,贝·布托总理试图谋求同塔吉克军阀多斯塔姆和伊斯梅尔·汗合作。

3. 塔利班兴起与俄罗斯、印度介入

军阀之间全方位的暴力争夺令民众不堪其苦,怨声载道。1994 年 7 月,在消灭暴虐的坎大哈武装力量后,毛拉·穆罕默德·奥马尔领导的塔利班迅速崛起。在巴基斯坦和沙特阿拉伯的支持下,塔利班于 1996 年 9 月占领喀布尔,并试图北上统一全国。

塔利班北上征服哈扎拉人、塔吉克人和乌兹别克人的努力遭到顽强抵抗,也触犯了伊朗的战略利益。在德黑兰的大力支持下,1997 年 6 月,前穆贾西丁、塔吉克军阀阿赫迈德·沙·

马苏德（Ahmed Shah Massoud）召集非普什图武装力量组建"解放阿富汗联合阵线"（United Front for the Liberation of Afghanistan），即"北方联盟"（Northern Alliance）。

为夹击北方联盟—伊朗力量，塔利班谋求同中亚和外高加索地区的逊尼派激进伊斯兰力量合作，给乌兹别克斯坦伊斯兰运动（IMU，以下简称乌伊运）和车臣武装力量①提供资金支持。这直接踩踏了俄罗斯的底线。与此同时，塔利班同巴基斯坦的密切关系、基地组织日益活跃的全球圣战行动，使印度担心自己的安全。于是，俄罗斯和印度也出面支持反塔利班力量。印度给马苏德提供高级武器装备、防务顾问和直升机驾驶员，给北方联盟提供前线医疗救援②。

在各自地区盟友的支持下，北方联盟与塔利班展开激战。伊朗、俄罗斯和印度还采取一系列外交行动，包括阻止国际社会承认塔利班政权，要求安理会制裁塔利班等。截至2001年9月11日，只有巴基斯坦、沙特阿拉伯和阿联酋承认塔利班政权。

4. 塔利班庇护基地组织导致阿富汗战争

小布什发动阿富汗战争的首要目标不是塔利班政权，而是基地组织。实际上，美国在1994—1995年曾对塔利班产生过兴趣和同情。塔利班初兴之时，美国希望塔利班能够削弱伊朗和俄罗斯在阿富汗的影响力，能够尽快结束阿富汗内战，恢复秩序和稳定。③最重要的是，冷战结束之初，美国一心想介入中亚里海油气资源，减少这个巨大的油气宝库对俄罗斯运输管线和

---

① 包括沙米利·巴萨耶夫、阿卜杜勒·拉赫曼·哈塔卜（埃米尔·哈塔卜）等人。但塔利班否认卷入俄罗斯同车臣之间的纠纷。

② Rahul Bedi, "India Joins Anti–Taliban Coalition", *Jane's Intelligence Weekly*, 15 March 2001.

③ Ijaz Khan, *Pakistan's Strategic Culture and Foreign Policy Making*, New York: Nova Science Publishers, Inc., 2012, p. 32.

伊朗出海口的依赖。从地理条件来说，经阿富汗通道南下几乎是唯一可行的替代方案。而且塔利班也曾答应开放国门，准许连接中亚同巴基斯坦的油气管线经过阿富汗。所以，当时比美国政府更加积极的是国际油气大亨，美国优尼科公司（UNOCAL）和沙特三角洲集团（SDG）等都踊跃接近塔利班，提供相应支持①。

但是，基地组织领导人本·拉登的到来改变了美国的态度，也改变了塔利班和阿富汗的历史命运。本·拉登在参加阿富汗抗苏战争期间，深受埃及穆兄会强硬派思想的影响，仇恨西方霸权。海湾危机和海湾战争期间，沙特国王拒绝本·拉登的主动请缨，而邀请美国军队进驻本土保护国家安全，加剧了他对美国的不满。20 世纪 90 年代上半叶他领导的基地组织在中东非洲等地多次实施针对美国利益的恐怖袭击。1996 年 5 月本·拉登被苏丹驱逐，来到喀布尔，同塔利班结盟。客居阿富汗期间，本·拉登继续袭击美国。1999 年，克林顿政府通过联合国安理会和巴基斯坦对塔利班政权施加压力，试图引渡本·拉登，但遭到拒绝。"9·11"事件后，小布什的引渡要求再次遭到拒绝，于是愤而把恐怖分子的庇护者当作恐怖分子同等看待。

塔利班坚持庇护本·拉登的重要原因之一是普什图法则（Pushtunwali）。根据法则，主人必须确保求护者的安全。然而，美国本土遭受的空前重创使得美国政府难以接受任何解释。由于塔利班未能在限期内交出本·拉登，2001 年 10 月 7 日，美国发动阿富汗战争。

---

① 相关细节可参见 Maley Williams, ed., *Fundamentalism Reborn: Afghanistan and the Taliban*, Lahore: Vangard 1998, pp. 90 – 103。

第二章 当前主要大国在阿富汗的目标和战略

2001年以来，地区国际局势发生重大变革：全球化突飞猛进、俄罗斯元气恢复、中国和印度崛起、中亚油气资源的战略价值更加凸出、全球金融危机、区域经济一体化势头增强、美国权势减弱但依然是世界老大[①]、伊朗—美国核争端、"阿拉伯之春"后中东动荡不宁。在阿富汗，塔利班力量持续战斗，经济社会重建工作也在缓慢展开。

在阿富汗战争和重建平台上，世界和地区大国用不尽相同的办法，谋求各自的利益目标。不少分析人士认为，新的大博弈已经出现。

与19世纪不同，新博弈是多国同台竞技。当前和未来一段时期，美国是头号主角。地区层面，巴基斯坦和伊朗具有最强大的影响力，印度正成为关键国家，俄罗斯积极重返阿富汗。塔吉克斯坦主要在俄罗斯主导的集体安全条约组织中发挥作用。乌兹别克斯坦与阿富汗有重要的历史文化联系，但其现实影响力暂时比不上拥有丰富天然气资源的土库曼斯坦。截至目前，中国在阿富汗的地位和影响力，完全不符合中国作为新兴经济体、地区政治大国、直接邻国等身份所具有的政治经济内涵，

---

① 约瑟夫·奈：《美国注定领导世界？美国权力性质的变迁》，刘华译，中国人民大学出版社2012年版，第11页。

也不太符合中国重视周边的外交原则。

第一节 美 国

20世纪上半叶，美国对遥远的阿富汗没有兴趣。冷战时期，它主要透过苏联棱镜来看待阿富汗，把阿富汗作为遏制苏联扩张的一个环节，这在很大程度上与达乌德政府谋求经济和军队现代化的目标相吻合。然而，美国并没有借机拉拢同苏联直接接壤的阿富汗，没有积极回应阿富汗提出的经济和军事援助请求，而是习惯性地依靠伊朗和巴基斯坦围堵苏联扩张。在这个过程中，阿富汗政府逐渐倒向苏联。1979年苏联出兵阿富汗之后，美国才把阿富汗作为对苏战略的前沿。但是1989年苏联撤军，美国立即转身离开。总之，20世纪大部分时间，阿富汗在美国的全球战略中并不具有独立的战略价值。

2001年"9·11"事件爆发，恐怖主义成为主要的安全威胁。阿富汗作为基地组织的藏身之所，塔利班政权作为基地组织的庇护者，才第一次真正成为美国国家安全和对外战略的重点。

一 美国在阿富汗的目标

阿富汗战争的直接目标是摧毁基地组织及其庇护者塔利班政权。十多年来，阿富汗是美国地区和全球战略目标的有机组成部分，服务于确保国家安全、世界领导地位、防止关键地区受控于战略对手等总体战略目标。

1. 打击恐怖主义，清除庇护所，确保美国国家安全

"9·11"事件令小布什总统"面临着自亚伯拉罕·林肯以来美国总统遭遇的最大挑战"[1]。美国发动阿富汗战争的首要目

---

[1] "43. George W. Bush 2001 – 2009", http：//www.whitehouse/gov/about/presidents/georgewbush.

标是摧毁或打散（destroy or disrupt）基地组织及其分支机构，根除其安全天堂，确保美国不再遭受类似袭击。为此，美国推翻了塔利班政权，以新的民主宪政体制取而代之，大力扶持喀布尔新政权，意图重建政治秩序，防止阿富汗重新落入激进伊斯兰主义力量的手中。因此，确保阿富汗民主体制的生存和政治秩序稳定，也是美国的战略目标。

2. 深化北大西洋公约组织的团结，巩固北约地位

这是冷战结束后美国的重要战略目标之一。阿富汗战争不是美国的战争，而是北约共同的战争，是北约集体安全防务条约第五章内容的第一次激活和应用[①]。美国驻北约官员说，把阿富汗交给北约，与其说关系到阿富汗的未来，不如说是关系到北约的未来。北约在阿富汗的新角色是塑造新北约的关键所在，阿富汗战争是"延续北约联盟转型的一种方式"，阿富汗任务"可能标志着北约持续努力地在各方面修补联盟行动实践的开始"，通过阿富汗战斗部署，推动北约成员国实现军事现代化。[②]

阿富汗战争进程充分体现了北约深化团结、扩大职能的成效：来自49个国家[③]的军人组成国际安全援助部队（ISAF），由北约统一指挥和部署。北约峰会不仅讨论军事问题，还讨论阿富汗政治社会和经济重建问题（比如里斯本峰会和芝加哥峰会）。北约还试图充当美国—阿富汗关系的润滑剂和催化剂，比

---

① Frederic Grare, "Afghanistan in 2014: Importance to Stretch Well Past Borders", Dec. 27, 2013, CNN, http://carnegieendowment.org/2013/12/27/afghanistan-in-2014-importance-to-stretch-well-past-borders/gx5h.

② Gareth Porter, "How Afghanistan Became a NATO War", http://english.aljazeera.net/indepth/features/2011/01/201114818346562.html.

③ 除了北约28个成员国以外，还有21个盟国也派兵参加了ISAF。美国是ISAF的主体。

如2013年年底北约成员国外长会议敦促卡尔扎伊尽快同美国签署双边安全协定①。

3. 保持南亚地区局势可控，谋求印度—巴基斯坦之间的某种平衡

美国称之为"保持地区稳定"。尽管巴基斯坦不少人认为美国并不真正关心南亚地区的和平与稳定。但很显然，美国也不希望南亚地区局势失控。

南亚地区有诸多不稳定因素，包括印度—巴基斯坦敌对、边境领土纠纷、激进极端主义、恐怖主义和跨国武装力量的大量存在、贫穷落后、民族部落冲突、宗教和教派矛盾等。印度和巴基斯坦的核武能力使这些矛盾和隐患具有爆炸性和毁灭性。

冷战结束后，美国积极谋求新德里和伊斯兰堡之间的平衡。1999年克林顿总统提出"脱钩"战略，即依据美国利益分别决定同两国的关系。这实际上是承认印度为亚洲大国的开始。② 2001年后，美国在反恐战争中不得不依靠巴基斯坦的合作，但在阿富汗重建方面则有意鼓励印度承担更多责任，同印度发展全球战略伙伴关系。

4. 推进中南亚地区一体化，谋求美国的主导权

阿富汗战争给美国提供了重塑中南亚政治经济格局的宝贵机会。推进美国版本的中南亚地区一体化，建构美国在该地区主导权的意图，体现在"新丝绸之路"计划中。有分析认为奥巴马政府中南亚政策的最大两个挑战是"伊朗的军国主义"和"中国的重商主义"。③ 遏制伊朗是华盛顿的既定方针，但美国

---

① Scott Stearns, "NATO Urges Karzai to Sign Troop Agreement", VOA News, Dec. 3, 2013, http://www.voanews.com/content/kerry-nato-seek-afghan-accord-on-troops/1802407.html.

② 这是美国的印度问题专家 Ashley Tellis 的观点。Ashley J. Tellis, "The Merits of Dehyphenation: Explaining U. S. Success in Engaging India and Pakistan", *The Washington Quarterly* 31, No. 4 (Autumn 2008), pp. 21–42.

③ Joe Klein, "What Keeps Obama Up at Night", *Time*, November 2011.

又不得不承认伊朗在阿富汗和中南亚地区的影响力。在推进阿富汗问题地区解决方案、加强中南亚地区一体化、深化美国—印度合作的同时，如何确保对伊朗的控制，是美国面临的一个重要挑战。

二 美国在阿富汗的战略及其实施成效

大体可把 2001 年以来美国在阿富汗的战略归纳为三个关键词：反恐、平叛和重建。① 重建不仅限于阿富汗的社会经济和国家建设（nation-building），还包括重建美国/北约—中南亚地区关系、创建相关地区机制、推进美国主导的地区经济一体化方案等。

1. 反恐战略的演进

阿富汗战争的重点随时间而演变：2001 年称"反恐战争"（war on terror），2005 年称"平定叛乱"（counter-insurgency）。2009 年奥巴马宣布增兵 3 万，试图扭转塔利班势头。2010 年北约里斯本峰会确定阿富汗"过渡框架"（framework of transition），2012 年奥巴马在北约芝加哥峰会宣布"我们理解的阿富汗战争已经结束"，2014 年年底美国—北约撤离战斗部队。

在反恐和平叛中，美国几乎穷尽了除核打击以外的其他主要军事手段。

（1）在阿富汗的直接军事打击

持久自由行动（Operation Enduring Freedom）：目标直指奥萨马·本·拉登及其庇护者塔利班，但不限于此。在小布什总统的构想中，"持久自由"行动包括四个阶段②：

---

① 小布什总统执政期间，反恐战争是美国世界战略和国家安全战略的核心。这一战略的设计和实施是一个系统工程，包括美国国内一整套政策、美国同其他国家之间的关系协调等方方面面的内容，但是本书只研究美国在阿富汗战区的主要战略，其余一概忽略不计。以下其他国家也是如此。

② 乔治·沃克·布什：《抉择时刻》，东西网译，中信出版社 2011 年版，第 183 页。

- 由特种部队和中情局小组联合扫清道路，以便常规部队跟进。
- 对基地组织和塔利班实施大规模空中打击，空投人道主义救援物资给阿富汗民众。
- 美军和盟军地面部队进入阿富汗，搜捕塔利班和基地组织残余。
- 恢复稳定，帮助阿富汗建立一个自由社会。

尽管小布什在2001年9月底已经说明，在阿富汗进行的不会只是一场战斗，而是一场长期战争[①]。但是上述第三、第四阶段推进的艰难程度，还是超出了预想。2004年年底开始，塔利班东山再起，2005年阿富汗形势明显恶化。美国和北约随即实施一系列军事打击行动，其中规模较大的如2006年5—7月在南部地区发动的"山区挺进行动"，2006年9月到2007年1月在东部地区实施的"山区狂怒行动"等，但仍未能遏制塔利班复兴的势头。

增兵战略（Troop Surge Plan）：作为持久自由行动的补充，旨在扭转战局。美国在阿富汗有两次增兵计划。第一次是2006年秋小布什总统命令增兵约50%，驻阿美军从2.1万人增至3.1万人。[②] 第二次增兵是奥巴马总统2009年阿富汗—巴基斯坦新战略的核心内容[③]，是在金融危机和驻阿美军伤亡人数刷新纪录的背景下，奥巴马试图扭转战局的努力，与1985年戈尔巴乔夫的努力相似。按计划，除增兵3.3万人以外，美国每年还将投

[①] 乔治·沃克·布什：《抉择时刻》，第181页。

[②] 由于当时大多数人的注意力在伊拉克，所以这次增兵并没有引起太多关注，被称为"悄悄的增兵"。同上书，第198页。

[③] "Remarks By the President on a New Strategy for Afghanistan and Pakistan", March 27, 2009, http://www.whitehouse.gov/the-press-office/remarks-president-a-new-strategy-afghanistan-and-pakistan.

入1200亿美元①。

五角大楼称增兵计划取得部分成功,2011年塔利班袭击出现了自2006年后的第一次下降。但华盛顿议员说,塔利班的力量比奥巴马下令增兵之前更强大。②

(2) 在巴基斯坦使用无人机和特种部队

美国对巴基斯坦实行双重政策。一方面以巴为反恐盟友,取消对巴制裁,并提供大量军事和经济援助,2004年3月宣布巴为美国"主要的非北约盟友"。

另一方面,美国积极推进"消除安全天堂"的战略目标。主要有两大战略行动:

无人机行动:2004年6月18日,小布什下令在巴基斯坦联邦直辖部落区(FATA)和西北边境省省辖部落地区(PATA)实施无人机行动,定点打击基地组织和塔利班力量。负责该行动的是中央情报局而非国防部,属于秘密行动,起初仅有限使用。2009年奥巴马的新战略把巴基斯坦和阿富汗看作一个地区整体后,大大增加了无人机使用频率。

表1　　　　美国在巴基斯坦的无人机打击行动③

	2004—2006	2007	2008	2009	2010	2011	2012	2013
次数	5	4	36	54	122	73	48	27
死亡人数	116	63	298	549	849	517	306	153

---

① "Remarks By the President on a New Strategy for Afghanistan and Pakistan", March 27, 2009, http://www.whitehouse.gov/the-press-office/remarks-president-a-new-strategy-afghanistan-and-pakistan.

② "Taliban Stronger than Before Troop Surge: US Lawmakers", *Dawn*, July 2012.

③ "Drone Wars Pakistan: Analysis", http://securitydata.newamerica.net/drones/pakistan/analysis.

无人机导致的平民伤亡引起民众反美情绪高涨。2011 年年底无人机行动造成巴基斯坦边境卫兵死亡，严重动摇美国—巴基斯坦反恐同盟关系，巴基斯坦境内北约军队运输线被关闭半年多。迟至 2013 年 5 月，美国政府才第一次公开承认无人机行动。2013 年 12 月 25 日起，美国在巴基斯坦的无人机行动暂停 5 个月，2014 年 6 月起恢复。

追剿基地组织头目计划：2004—2005 年美国和巴基斯坦曾联合进行这一反恐努力。2006 年以后，双方分歧日渐加深，美国随后加强了在巴境内使用特种部队进行单边秘密追剿行动，于 2011 年 5 月 2 日在阿布塔巴德打死本·拉登，美—巴关系几近冰点。

（3）培植阿富汗民间反塔利班武装力量

培植代理人是大国在阿富汗的惯用方法。美国在冷战后期曾大力支持穆贾西丁，阿富汗战争初期曾借重北方联盟。2010 年以后，美国加大力度在阿富汗民间培育新的反塔利班力量。

阿富汗地方警察力量（ALP）：2010 年夏天美国驻阿富汗军队最高司令官彼得雷乌斯将军倡议的一项战略计划，旨在补充阿富汗安全力量的不足，让阿富汗村民拿起武器保护自己，抵抗塔利班。计划到 2018 年前培育 4.5 万名地方警察，平均每个村庄 30 人。美国给他们提供武器（AK-47）弹药、军事培训和不菲的薪水：普通士兵约 120—150 美元/月，分队领导人 180 美元/月，加入时每人获得 5000 美元启动资金用于购买武器[1]。

彼得雷乌斯认为此举有望扭转乾坤[2]。但却存在政治风险和隐患。一方面，由于所招人员大都是前武装叛乱运动成员，相

---

① Jon Boone, "Afghans Fear Return of the Warlords as Anti-Taliban Militias Clash", *The Guardian*, February 16, 2011.

② Jim Michaels, "Officials Tripling Afghan Defense Forces", *USA Today*, June 30, 2011, http：//usatoday30.usatoday.com/news/world/afghanistan/2011-06-29-coalition-expands-afghan-forces_n.htm.

互间武装冲突时有发生,另一方面则存在塔利班骨干渗透的情况。实际上,这个计划起初曾遭到阿富汗卡尔扎伊总统的强烈反对。2013 年这些地方警察力量被阿富汗分析人士称为"黑手党",说他们参与毒品交易、强征非法税收、掠夺土地、谋杀、滥用私刑等。根据阿富汗智库的观点,在社会严重分裂的阿富汗,"创建 ALP 实际会加深而非平息紧张局势"①。

除此之外,中情局在阿富汗还秘密运转着其他一些准军事力量,其中有些力量挂靠在阿富汗国家安全局(NDS)名下,但却直接听令于美国。比如"反恐搜查队"就是中情局的特别力量:"他们并不由 NDS 武装和支付薪酬,行动也不受 NDS 调遣。有时他们只在行动前几分钟通知 NDS",他们的行动也不告知地方当局,可"一旦出现纰漏,就称是 CIA 和 NDS 的联合行动"。②

这些力量是美国 2014 年以后在阿富汗的重要工具,但对阿富汗来说则将遗患无穷。

2. 培植民主政权,帮助进行国家建设

为防止阿富汗再次成为恐怖分子的天堂,同时也基于自由民主信念和价值偏好,小布什在 2001 年 9 月就要求他的团队制定"一份将阿富汗转变为民主国家的计划"。推翻塔利班政权后,他认为美国有道德义务在阿富汗培植更好的政权。③ 2001 年 12 月波恩会议启动了在阿富汗建设民主国家的努力:2002 年

---

① Thomas Ruttig, "Some Things Got Better—How Much Got Good?", Dec. 30, 2013, http://www.afghanistan-analysts.org/some-things-got-better-how-much-got-good-a-short-review-of-12-years-of-international-intervention-in-afghanistan.

② Kate Clark, "What Exactly is the CIA Doing in Afghanistan? Proxy Militias and Two Airstrikes in Kunar", April 28, 2013, http://www.afghanistan-analysts.org/what-exactly-is-the-cia-doing-in-afghanistan-proxy-militias-and-two-airstrikes-in-kunar.

③ 乔治·沃克·布什:《抉择时刻》,第 185、192 页。

年初成立临时过渡政府，2004年1月大议事会（Loya Jirga）通过民主共和新宪法，同年10月举行阿富汗历史上第一次总统选举，2005年9月选举产生新国民议会。与此同时，世界各国和国际金融机构、非政府组织的发展援助资金纷纷涌入，"省级重建小组"（PRT）① 也在2002年年初陆续进驻各省。阿富汗新国家机器初具雏形。

北约盟国积极参与阿富汗国家建设，各有分工。美国和德国负责培训阿富汗国家安全力量，英国负责缉毒，意大利负责重建司法体制，日本则帮助解除军阀武装和遣散地方民兵组织，各国一起推动阿富汗公民社会发展。这些构想要么试图消除阿富汗社会根深蒂固的力量如军阀武装和部落民兵，要么试图移植对阿富汗社会文化而言完全陌生的东西如西方式司法体制和公民社会，所以进展极为坎坷。

当前和未来三五年，阿富汗国家建设最关键的两大难题是：创建一支强大的国家安全力量；与塔利班和谈，以免民主政体毁于新的内战。

阿富汗国家安全力量（ANSF）建设：2002年年初，美国同德国划分了具体任务：美国负责训练国民军（ANF），德国负责训练国家警察部队（ANP）②。但计划并没有立即付诸实施③。

---

① 美国政府为了帮助阿富汗和伊拉克实现战后稳定和发展而提出的一个计划。PRT成员包括军官、外交官、重建项目专家。美国的PRT来自国际开发署、国务院、农业部和司法部等部门，但是在赫拉特省的PRT则是由意大利负责。这些PRT被认为是"扩大中央政府合法性和效能的一种手段"。在阿富汗，PRT的任务有三点：改善安全状况、扩大阿富汗中央政府的权威、推动重建计划的实施。2005年，PRT作为"成功的经验"被推广到伊拉克。

② 乔治·沃克·布什：《抉择时刻》，第193—194页。

③ 有学者认为，直到2009年以前，美国和北约并不真心想帮助阿富汗建立一支强大的军队。Joe Brinkley, "Afghanistan, 10 Years On", http://www.politico.com/news/stories/1011/65270.html.

直到2009年，美国才加快了建设阿富汗国家安全力量的步伐，提出要在两年内把阿富汗军队和警察力量分别扩大到13.4万人和8.2万人。① 按照计划，2014年年底阿富汗国家安全力量将达到35.2万人的总目标。2010年北约里斯本峰会决定，分阶段把安全责任移交给阿富汗国家安全力量，北约军队的任务逐渐转为提供支持和培训。②

建设阿富汗国家安全力量面临的重大问题包括：

● 2011年来，随着责任移交，美国和北约军队伤亡数量逐步减少，阿富汗国家安全力量伤亡人数急剧增加。

● 在阿富汗建设和维持安全力量在一定意义上意味着同塔利班争抢人力资源。而且维持35万人的军警力量意味着每年至少需要41亿美元的经费，阿富汗经济显然无法独自承担。到2021年以前，阿富汗军警的经费主要依靠北约。

● 阿富汗社会生态浓缩体现在安全力量中，包括族群矛盾、教育水平低下、地方主义、部落忠诚、塔利班超强动员能力、民众反美情绪等。迄今已表现为军警内部的分裂、低级士兵每年高达1/3的逃跑率、阿富汗军人同西方教官之间的暴力冲突等。

奥巴马政府多次表示美国将会继续支持和帮助培训阿富汗国家安全力量。但2014年后这支军队究竟是美国/北约—阿富汗联系的桥梁，还是矛盾的引爆点？它将是维持社会安全和秩序的支柱，还是社会分裂和冲突的脆弱地带？现在这两种可能性都存在，关键在于阿富汗新政府同美国、阿富汗内部政治力量间的关系会如何发展。

---

① "White Paper of the Interagency Policy Group's Report on U. S. Policy toward Afghanistan and Pakistan", p. 3.

② 截至2014年，移交安全责任的计划已经完成，阿富汗国家安全力量现已承担了全部的安全责任。至2017年年初，阿富汗国家安全力量总数为35.7万人，其中国民军队17万人，警察15.7万人，其他安保力量约3万人。

与塔利班和谈：小布什总统坚决打击塔利班的强硬立场在 2008 年出现松动，转而默许卡尔扎伊政府同塔利班力量接触。奥巴马政府朝前迈出一大步，2009 年 10 月 9 日，国防部长盖茨正式表态说，美国不反对同塔利班谈判。①

2010 年 11 月在德国的斡旋下，美国政府同塔利班代表接触。进程迄今一直不顺。一方面，美国、阿富汗和巴基斯坦私下争夺和谈的主导权。另一方面，经过若干年的战争，塔利班不再是统一的政治力量，有多个派别和中心，同谁谈判才能真正达成对塔利班大体具有真正约束力的协定，很难找到答案。

3. 巩固战争果实，谋求在南亚站稳脚跟

除了超过 1 万亿美元的花费外，美国有 50 多万国民（包括军队和平民）参与在阿富汗当地的战斗和建设，受伤者数以千计，2000 多人牺牲②。尽管奥巴马总统多次强调要把注意力从阿富汗收回来，集中于美国的国家建设③，但难以想象美国会轻易一走了之。无论是基于 1989 年抛弃阿富汗的教训、过去十多年的巨大代价、"美国领导世界"的信念和追求④，还是阿富汗周边和地区形势变化，尤其是中国兴起和普京政府的强硬姿态，

---

① Khalid Aziz, "America's Exit Strategy in Afghanistan", http：//www. thenews. com. pk/editorial_ detail. asp？id = 140928.

② 奥巴马于 2013 年 1 月 12 日的演讲："Weekly Address：Ending the War in Afghanistan and Rebuilding America", http：//www. whitehouse. gov/the‐press‐office/2013/01/12/weekly‐address‐ending‐war‐afghanistan‐and‐rebuilding‐america。

③ http：//www. whitehouse. gov/blog/2011/06/22/president‐obama‐way‐forward‐afghanistan.

④ 奥巴马总统 2014 年 5 月 28 日在西点军校发表讲话时强调"美国必须一直领导世界"。"Remarks by the President at the United States Military Academy Commencement Ceremony", http：//www. whitehouse. gov/the‐press‐office/2014/05/28/remarks‐president‐west‐point‐academy‐commencement‐ceremony.

美国都不会彻底离开,而是将巩固阿富汗战争果实,谋求在中南亚站稳脚跟。未来一段时期,美国将着力以阿富汗和印度为支点,确保在该地区的权势。其主要机制和手段是:

美国—阿富汗永久战略伙伴关系协定(SPA):这是确保美国在阿富汗长期存在的核心战略,2012年5月2日在喀布尔签订,有效期至2024年年底。

条约主要内容是①,两国在多个领域进行长期的战略合作,包括保护和推进民主价值观,促进长期和平、安全与和解;巩固民主体制;支持阿富汗经济和社会长期发展;鼓励地区合作等。合作的目的是"实现地区和平和经济一体化,使该地区不再成为基地组织及其附属机构的安全天堂"。美国承诺2014年后每年给阿富汗筹集资金以支持阿国家安全力量及其培训、装备、顾问和维护(第三章第5款);承诺保护阿免受外来侵略(第三章第9款)。阿富汗则承诺在2014年年底前给美国军队提供使用阿富汗设施的便利;2014年后美军在阿富汗的地位将由双边安全协定具体规约(第三章第6款)。

美国—阿富汗双边安全协定(BSA):是两国战略伙伴关系协定的自然延伸。2012年11月开始谈判,目的是确定2014年以后美军的地位。历经周折之后,2013年11月终于完成协定草案,美国承诺每年提供约40亿美元的军事援助。11月21日,卡尔扎伊总统将草案文本提交阿富汗大议事会审议,获得通过后却突然变卦,顶住各种压力,拒绝签字。

2014年阿富汗大选第二轮投票的总统候选人加尼和阿卜杜拉都公开支持该协定。加尼在就任总统第二天(9月30日)便签署了BSA。根据这个协定,美国在2014年年底撤军以后,将留下一

---

① 根据美国国务院发布的协定文本影印版整理。*Enduring Strategic Partnership Agreement between the U.S. and the Islamic Republic of Afghanistan*,http://photos.state.gov/libraries/afghanistan/231771/PDFs/2012-05-01-scan-of-spa-english.pdf.

支9800人的军队驻扎阿富汗两年,协助阿富汗安全力量的反恐和队伍建设。由此,2013年作为美阿分歧的双边安全协定问题,成为阿富汗新政府与美国在2014年以后加强合作的新支点。

发展美国—印度战略伙伴关系:冷战时期印度与苏联关系密切。阿富汗战争之初,印度主动提出要参加反恐联盟,遭华盛顿婉拒,因为美国认为同巴基斯坦合作在阿富汗更具价值。[1]随着美国和巴基斯坦在反恐问题上的分歧加深,美国—印度关系日趋密切。2005年和2008年,美国两次与印度签署民用核能协定,实际确立了战略伙伴关系,两国互称对方为"天然盟友"[2]。这两个民用核能协定不仅确保印度经济发展的动力供应,而且等于给印度发放了进入核俱乐部的合法身份许可。2006年3月小布什访问新德里,被印度解读为"华盛顿接受了印度作为地区老大的地位"[3]。

2010年5月,美国称印度是"不可或缺的伙伴"[4]。11月奥巴马明确表示支持印度成为联合国安理会常任理事国,在小布什提出的"让印度成为全球大国"的战略道路上继续前进。

尽力保持对伊朗的有限抑制:在阿富汗问题上,奥巴马政府对伊朗的政策最有趣,笔者称之为"有限抑制"。抑制即制裁,这是美国多年来坚持的立场。"有限"则是由于美国不能无

---

[1] Vladimir Sotnikov, "Will India Join NATO's War in Afghanistan", http://indrus.in/articles/2012/01/30/will_india_join_natos_war_in_afghanistan_14655.html.

[2] Atal Bihari Vajpayee, Speech After Dedicating the Mahatma Gandhi Memorial, Washington, DC, September 16, 2000; and Robert Blackwill, "Why is India America's Natural Ally?", *The National Interest*, May 2005.

[3] Robert G. Wirsing, "In India's Lengthening Shadow: the US – Pakistan Strategic Alliance and the War in Afghanistan", *Asian Affairs*, Vol. 34, No. 3 (Fall 2007), pp. 151 – 172.

[4] Merle David Kellerhals, Jr., "India an Indispensable Partner, U.S. Officials Say", *U. S. State Department News Release*, June 1, 2010.

视伊朗在阿富汗和地区事务中的强大影响力。具体表现是，一方面华盛顿不断施加压力，迫使巴基斯坦和印度放弃伊朗—巴基斯坦—印度（IPI）天然气管线项目；另一方面它又默许伊朗和印度一起开发连通中亚—阿富汗—伊朗—印度的基础设施网络，默许印度扩建伊朗的查巴哈尔港口。①

为阻挠 IPI 项目，美国用心良苦。对印度，它用双边民用核能协议换取新德里退出该项目。IPI 变成 IP。但对巴基斯坦，它起初只强调制裁。眼见巴基斯坦能源危机深重到可能让扎尔达里政府孤注一掷时，它又连忙搬出伊斯兰堡的老朋友、伊朗的老对手沙特阿拉伯从中阻拦，以致巴基斯坦境内的 IP 管线工程至今没有实质性进展，巴基斯坦为此得到的补偿是沙特阿拉伯馈赠的 15 亿美元②。

2013 年年底美国—伊朗关系缓和，IP 管线的国际政治环境有所松动。谢里夫总理也在 2014 年 5 月访问伊朗商讨管线事宜。但无论如何，原定 2014 年 12 月建成管线的计划已经不能如期实现。

4. 打造美国版本的中南亚地区一体化，与俄罗斯、中国、伊朗角逐中亚影响力

美国对里海和中亚油气资源垂涎已久。1997 年 10 月华盛顿智库中亚—高加索研究所（the Central Asia – Caucasus Institute）携手国际战略研究中心（CSIS）共同提出"新丝绸之路"（New Silk Road）战略构想③，但当时没有受到美国决策者的重视。及至中国和俄罗斯力量兴起，2010 年《经济学人》杂志刊文说，"在亚洲腹地，美国没有加入任何一个俱乐部……美国对伊朗在

---

① 关于印度—伊朗—阿富汗—中亚交通网络工程，请见本章第三节。
② Syed Fazl – e – Haider, "Saudi Grant Kills Iran – Pakistan Pipeline", http：//www.atimes.com/atimes/South_ Asia/SOU – 02 – 210314. html.
③ Guli Yuldasheva and Mavlon Shukurzoda, "New Silk Road Strategy：Problems and Perspectives", *The Jamestown Foundation*, November 22, 2011.

核问题上的压力也因为中国和俄罗斯的能源利益而遭到动摇"。文章呼吁美国要重视亚洲腹地的新趋势。①

2011年7月，国务卿希拉里·克林顿在印度钦奈正式提出"新丝绸之路"计划，意图以阿富汗为经济一体化和地区交通运输的枢纽，建立覆盖从"孟买到卡拉奇到喀布尔，扩展到塔什干和阿斯塔纳以外地区"的铁路、高速公路和能源基础设施网络，加强地区经济合作、贸易自由化、推进区内贸易流通。她说，"新丝绸之路的目的是发展南亚和中亚各国之间的联系……把一个地缘战略意义上、历史和文化意义上的地区变成统一的实体，但迄今为止这里的商业和贸易水平还非常低"。她宣称，新丝绸之路将引领"南亚经济复兴"②。她还描绘了一幅美景："土库曼斯坦的天然气将帮助满足印度和巴基斯坦日益增长的能源需求，并给阿富汗和巴基斯坦带来丰厚的过境费收入。塔吉克斯坦的棉花将变成亚麻纺织品。阿富汗的家具和水果将在阿斯塔纳或孟买等地找到销售市场。"③

"新丝绸之路"战略绝不只是经济一体化构想。据美国国务院中南亚事务副助卿特雷西（Lynne Tracy）所言，该计划意在给中亚各国提供全面机会，包括"解决跨国威胁，建设地区经济发展与合作所必需的基础设施和联通线路，给公民社会、法治和人权发展提供空间"，为实现这些目标，美国将"综合运用双边和多边援助手段"。④ 可见，"新丝绸之路"战略是小布什

---

① "New Silk Roads", *The Economist*, April 8, 2010.

② Speech by Hillary R. Clinton at Anna Cenenary Library in Chennai, July 20, 2011.

③ Joshua Kucera, "The New Silk Road?", *The Diplomat*, Nov. 11, 2011, http://thediplomat.com/2011/11/11/the-new-silk-road/.

④ 这是2013年4月16日Lynne Tracy在乔治·华盛顿大学发表的讲话。转引自Vladimir Fedorenko, "The New Silk Road Initiatives in Central Asia", *Rethink Paper* No. 10, Rethink Institute, Washington D. C, August 2013, p. 5。

总统"大中亚战略"（Greater Central Asia Strategy）的升级版。

美国排他性主导地位的意图，在"新丝绸之路"计划中十分明显：计划不包括古代丝绸之路的发源地中国和古代丝绸之路的重要枢纽伊朗。由于金融危机的局限，美国给自己在"新丝绸之路"计划中暂时的定位不是作为筹资执行人，而是作为政治推动者，推动国际和地区金融资本组建投资财团①，亚洲开发银行是美国动员和团结的主要力量。

美国在"新丝绸之路"战略框架内筹划约 40 个基础设施项目，容纳了该地区原有的一些倡议。这充分体现了美国善加利用现有资源的特点。TAPI 就是其中之一。TAPI 和 CASA－1000 是"新丝绸之路"战略的支柱，同时也是未来三五年塑造相关国家间关系、确立中南亚"管线政治"基本格局的关键变量。

TAPI（土库曼斯坦—阿富汗—巴基斯坦—印度天然气管线，Turkmenistan – Afghanistan – Pakistan – India Gas Pipeline）：把土库曼的天然气经阿富汗输送给巴基斯坦和印度。其初衷在于突破俄罗斯垄断中亚油气资源进入世界市场通道的局面。

TAPI 的最初构想出现在 20 世纪 90 年代初。当时土库曼斯坦想要向南修建天然气管线连通国际市场。1995 年 3 月，土库曼斯坦和巴基斯坦同意建造从土库曼斯坦经阿富汗到巴基斯坦木尔坦的管线 TAP。美国优尼科公司、沙特三角洲石油公司等迅速组建国际财团准备投资②，但塔利班政权时期北部地区的动荡使计划未能实现。2002 年，亚洲开发银行重提 TAP 理念，并把管线延伸到印度边境，即今天的 TAPI。

---

① Masood Aziz, "Afghanistan: the Geopolitics of Regional Economic Integration", Norwegian Peacebuilding Resource Centre, Sept. 2012, p. 7.

② Thhir Dhindsa, "The Energy Supply Conundrum: Integrating the Resources of Central and South Asia", March 31, 2013, http://tribune.com.pk/story/529170/the－energy－supply－conundrum－integrating－the－resources－of－central－and－south－asia/.

TAPI 管线全长 1814 公里，成本预算 76 亿美元，由亚洲开发银行资助，按原计划将于 2016 年完工，2017 年正式投入运营。但由于安全和资金等原因，工程进展缓慢。2015 年修订计划，预计到 2019 年完成①。根据规划，管线建成后，土库曼斯坦每年出口 330 亿立方米天然气。据 2011 年协议，巴基斯坦和印度分别使用约 141 亿立方米，阿富汗使用约 5 亿立方米。2012 年喀布尔改变主意，放弃购买天然气份额，转而收取过境费，这意味着印度和巴基斯坦每年需分别向阿富汗支付至少 2.25 亿美元的过境费。② 2012 年，孟加拉要求加入 TAPI 项目。

能源短缺是巴基斯坦、印度、孟加拉经济发展的瓶颈之一。土库曼斯坦的天然气储量为世界第四，南亚能源市场可以把自然资源变成其经济社会发展的引擎。就此而言，TAPI 管线的确可能有助于中南亚经济振兴。

但对美国而言，首要的战略兴趣是，TAPI 可替代伊朗—巴基斯坦（IP）天然气管线，进而既满足巴基斯坦的迫切需要，又阻遏伊朗把能源资源转化为政治影响力。2013 年扎尔达里总统决定正式启动 IP 建设工程前夕，美国国务院发言人强调，巴基斯坦不必冒制裁风险继续 IP 项目，应该谋求"更好、更有效、更安全、更节省成本的方法"，还说美国正努力从多方面帮助巴基斯坦解决能源需求问题，TAPI 是其中之一。③

---

① Barnett Rubin, "The Pipeline and Paths to Peace in Afghanistan", Dec. 30, 2015, New Yorker, http://new yorker.com/news/news – desk/the – tapi – pipeline – and – path – to – peace – in – afghanistan.

② Zafar Bhutta, "Afghanistan Gives Up Share of TAPI Gas, Wants Transit Fee Only", Nov. 29, 2012, http://tribune.com.pk/story/472401/afghanistan – gives – up – share – of – tapi – gas – wants – transit – fee – only/.

③ "Pakistan Should Focus on Long – term Solutions", Feb. 23, 2013, http://tribune.com.pk/story/511242/pakistan – should – focus – on – long – term – solutions/.

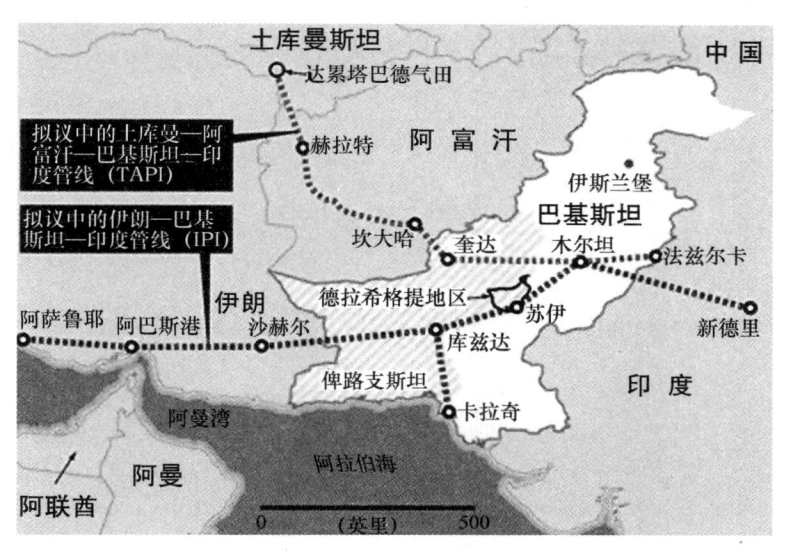

图 4 TAPI 与 IPI 路线①

中亚—南亚电力贸易和输送工程（Central Asia South Asia Electricity Trade and Transmission Project，CASA – 1000）：目的是把吉尔吉斯共和国和塔吉克斯坦的富余水电经阿富汗输给巴基斯坦，全长 1222 公里。网线设计能力是 1300 兆瓦，其中阿富汗消费 300 兆瓦。四国已于 2007 年 11 月签署谅解备忘录。项目总成本估计为 9.53 亿美元，原由亚洲开发银行、世界银行和美洲开发银行三家联合资助，亚行负责 40% 的资金。2013 年 6 月，亚行以风险过高为由撤销资助承诺。② 俄罗斯对 TAPI 和 CASA – 1000 两大项目都十分热心，主动提出要提供资金或参与建设。

---

① http://www.tolonews.com/en/opinion/14864 – nawaz – sharif – trip – to – pakistan – and – its – regional – implications.

② Zafa Bhutta, "Project Financing: ADB to Pull Out of CASA – 1000MW Import Project", June 6, 2013, http://tribune.com.pk/story/559377/project – financing – adb – to – pull – out – of – casa – 1000mw – import – project/.

图 5　CASA-1000 路线①

CASA-1000 项目的建设面临诸多挑战。资金问题首当其冲。目前，CASA-1000 项目的建设资金主要来自四个国家政府财政预算。根据 CASA-1000 官网的数字，各国承担的项目建设费用分别为：阿富汗 3.09 亿美元、吉尔吉斯共和国 1.96 亿美元、巴基斯坦 1.97 亿美元、塔吉克斯坦 2.51 亿美元。相对于四个国家的经济能力而言，这都是不小的负担。所幸的是，世界

---

① 地图来自 CASA-1000 官方网站，http://casa-1000.org/。

银行、伊斯兰发展银行、美国国际开发署和国务院、英国国际发展部（DFID）、澳大利亚国际开发局（AusAID）等机构同意出资帮助该项目建设。另一个重要障碍是安全。项目的建设和未来运行都面临安全风险，尤其是沿线地区的地雷、破坏活动、设备丢失等风险。

5. 以阿富汗问题为中心，培育多边国际机制

这是2001年以来美国始终着力推动的战略，意在通过国际机制巩固美国的领导地位，同时降低成本。小布什主要借助联合国、北约等既有国际机制，强调国际社会共同参与和风险共担。波恩会议、北约峰会、喀布尔进程（东京会议）等都体现了这一点。

奥巴马相对更重视地区方式，特别是地区大国的参与和贡献。这是在阿富汗和巴基斯坦民族主义情绪高涨的背景下，美国在幕后支持盟友的迂回战略。亚洲之心国家进程可谓此类案例。2011年，土耳其、巴基斯坦和阿富汗在伊斯坦布尔共同发起"亚洲之心进程"，又称"伊斯坦布尔进程"（The Heart of Asia Process, Istanbul Process，以下简称亚心进程）[1]，聚集地区和世界大国以及相关地区国际机制，共同探讨阿富汗和平稳定和发展问题。亚心进程的核心机制是六大"信任培育措施"（CBMs）：反恐、反毒、灾害管理、贸易通商和投资、地区基础设施、教育。美国对6个CBM的重视和支持力度从高到低依次为：反恐、贸易通商和投资、教育、反毒、灾害管理和地区基础设施。在反毒和灾害管理方面，美国主要支持国际组织和人道主义NGO积极介入。地区基础设施方面则主要托付给印度，美援集中在阿富汗—巴基斯坦边境地区交通线和阿国内基础设施建设上。

美国创建和支持地区机制的公开目标，是通过地区国家共

---

[1] 有关亚心进程的基本情况，参见本章第二节。

同参与，给阿富汗和平稳定提供机制性保障。实际上，地区和多边机制还有一个重要的战略功能：约束地区大国的单边冒险行动，掌握它们在相关问题上的立场和动向。因而是美国开发培育机制性资源和国际政治权力的一种努力。正因为如此，亚心进程创建之初曾遭到俄罗斯和伊朗的强烈反对，理由是中南亚地区已有太多地区国际机制，包括南亚区域合作联盟（SAARC）、经济合作组织（ECO）、上海合作组织（SCO）和集体安全条约组织（CSTO）等，不需要新的多边机制[1]。这反映出美国和俄罗斯在主导中南亚地区一体化进程方面的竞争。

第二节　巴基斯坦

1947年巴基斯坦独立，与阿富汗接壤，由此不仅继承了19世纪大博弈的遗产，也继承了英印殖民政府同阿富汗关系的历史负担。

英国给巴基斯坦留下的遗产和负担的关键都在于"杜兰线"。1893年11月12日，英印政府外务秘书莫蒂默·杜兰（Mortimer Durand）同阿富汗国王阿卜杜·拉赫曼签订协定，规定了阿富汗同英属印度的边界线，故称"杜兰线"。这条长约2430公里的边境线横穿普什图部落和俾路支部落的世居地，将其一分为二。普什图民族和俾路支民族跨界而居，它们同边境线另一侧同胞之间、同各自中央政府之间的关系，从不同的层面把巴阿两国紧密联系在一起。

19世纪末，杜兰用欧洲的方式在次大陆北部地区把民族共同体的世居地强行分开，是为了确保英印政府的安全。但是，

---

[1] S. Reza Kazemi, "Over-promising, Under-delivering: the Outcome of the Afghanistan Conference in Kazakhstan", ANN article, April 30 2013, http://www.afghanistan-analysts.org/over-promising-under-delivering-the-outcome-of-the-afghanistan-conference-in-kazakhstan.

对边境地区民众而言，杜兰线形同虚设，自由流动是当地普什图部落和俾路支部落日常生活的一部分。① 100多年来的政治史已证明杜兰线后患无穷。1947年以前，阿富汗无力同大英帝国抗衡，喀布尔历任国王也没有对杜兰线正式提出异议。但是，不乏阿富汗王公贵族暗中鼓励支持边境地区普什图武装力量跨界、袭扰英印政府的事件。英国撤离、巴基斯坦建国以后，阿富汗政府立即公开提出，不承认杜兰线作为巴阿两国边界，并在联合国投票反对接受巴基斯坦。这个争端确定了巴阿双边关系的基本性质和格局，开启了双方延续至今的敌视和猜疑。

客观地说，当时阿富汗的意图是借机清算英国殖民主义政治的遗产，收复被英印政府夺占的普什图土地。但对新生的巴基斯坦国家而言，阿富汗此举无异于直接挑衅，严重威胁巴基斯坦的生存。战后初期南亚地缘政治结构的重大变化（英国撤离、印巴分治）作为环境变量，被阿富汗理解为政治机遇，因为它面临的不再是强大的大英帝国，而是根基尚未稳固的巴基斯坦。此后，阿富汗支持巴国内各种分裂主义力量，同时交好印度。

巴阿关系可以1963年、1973年、1979年、1996年、2001年为分水岭，分为六个阶段。总体情况是，1963年以前，阿富汗咄咄逼人，巴方处于守势。达乌德担任国防部部长和总理期间（1946—1963年），他的个人性格和政治立场决定了阿富汗政府这一时期在杜兰线、普什图尼斯坦问题上的强硬态度。巴方采取的应对措施主要有两条，一是利用阿富汗内陆国对巴基斯坦出海口的依赖，拒绝或延迟阿富汗进出口商品过境。二是加入美国阵营来巩固自己的安全和地位。1963年查希尔国王解除达乌德的职务以后，巴阿关系有所缓和。1965年和1971年印巴战争中，阿富汗都保持中立。

---

① 2016年巴基斯坦加强了边境控制，在杜兰线地区推行签证准入制度。其影响如何，还有待观察。

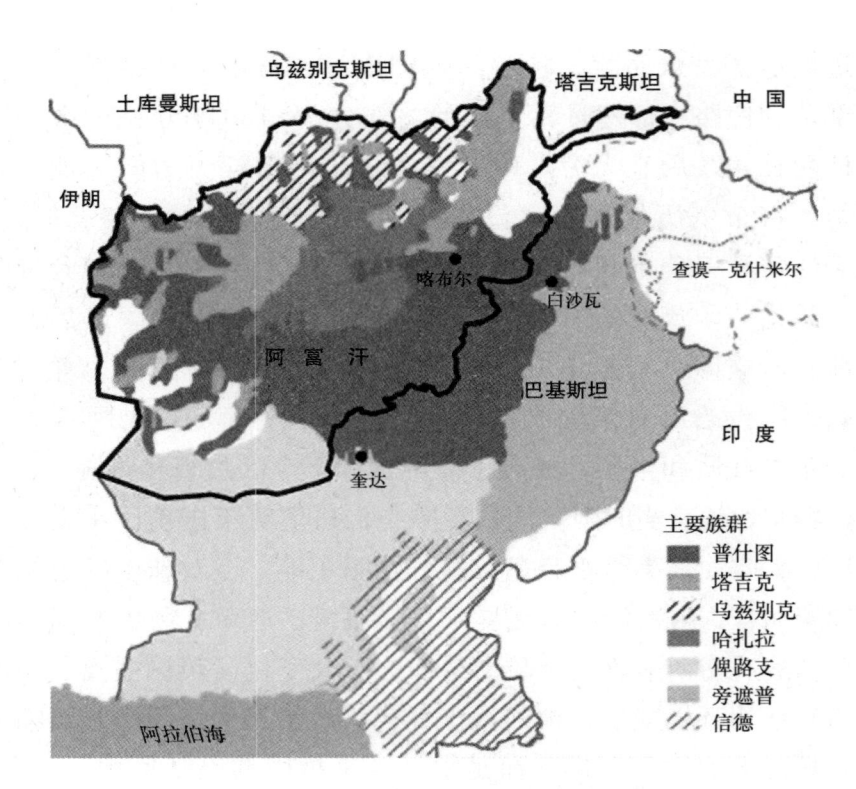

图 6　杜兰线以及巴—阿边境地区的跨界民族

然而，1973年达乌德发动政变推翻查希尔国王以后，巴阿对抗再度加强。由于巴基斯坦自身力量的变化，所以呈现出巴阿互有攻守的态势，它们都以对方的反政府力量为抓手和盟友。阿富汗支持普什图尼斯坦运动和俾路支分裂主义力量，巴基斯坦则同阿富汗的反政府力量尤其是反世俗主义改革的宗教力量联手。

1979年年底苏联入侵阿富汗以及由此引发抗苏战争以后，巴基斯坦成为美国在阿富汗对抗苏联的前哨，由此牢固确立了对阿富汗局势的强大影响力，从那时起，穆贾西丁和各种反抗力量成为巴基斯坦对阿富汗的政策工具。1992—2001年，阿富汗政府的组建和更迭都离不开巴基斯坦的支持与配合。

尽管如此，巴阿两国关系也只在塔利班政权时期可谓友好。

2001年年底以后，巴阿政府往来频繁，但由于巴基斯坦同塔利班之间的复杂关系，伊斯兰堡同喀布尔之间难有相互信任和友好亲善，两国政府间的口水战从未间断。

一 巴基斯坦在阿富汗的目标

确保国家安全，是巴基斯坦在阿富汗谋求的核心目标。同美国在阿富汗追求的安全目标相比，巴基斯坦的安全诉求更加具体和真实，持续性更长，可选择性更少，因为美国可以选择在某个日子离开这个是非之地，但巴基斯坦和阿富汗都不可能"搬家"。

1. 确保巴基斯坦领土主权完整

阿富汗同巴基斯坦的领土主权、国家生存直接相关，至少表现在四个方面：

其一，1947年以来，阿富汗历届政府（包括塔利班政权）都拒绝承认杜兰线是巴—阿国界线，这直接威胁巴基斯坦的国家安全，因为边境线是一个国家物理生存的标志和范围。

其二，与杜兰线相关但更直接的挑战是，阿富汗还梦想"重新统一"普什图地区。它为此曾大力支持普什图尼斯坦运动，要"收复"巴基斯坦的普什图地区，包括联邦直辖部落区（FATA）和当时的西北边境省（NWFP，今开普省）。

其三，阿富汗同印度交好，加剧了巴基斯坦对腹背受敌的担心。

其四，俾路支分裂主义。俾路支民族跨巴基斯坦、阿富汗和伊朗三国边境而居，成因复杂，冲突不断。20世纪70年代，巴基斯坦指责阿富汗政府支持俾路支分裂主义力量，给武装分裂分子提供资金、武器弹药和庇护所。据称，直到80年代中期，阿富汗政府坚持按时给俾路支人民解放阵线领导人发放月薪。[①] 2012

---

① Rajsherr Jetly, "Baluch Ethnicity and Nationalism (1971 – 1981): An Assessment", *Asian Ethnicity*, Vol. 5, No. 1 (Feb. 2004), pp. 7 – 26.

年6月，巴军方指责卡尔扎伊政府在巴俾路支省设立151个训练营。①阿富汗自然是矢口否认，但明争暗斗还在继续。

为此，巴基斯坦积极寻找、利用和培育一切资源，把"阿富汗威胁"和"印度敌对"降到最低限度。

2. 对抗印度（战略纵深）

巴基斯坦国家安全的最大现实威胁和首要假想敌都是印度。阿富汗是巴印对抗中的一个要素。在巴基斯坦看来，阿富汗在感情上是印度的朋友，但在地缘政治上却离巴基斯坦更近，因而也可能成为巴基斯坦对付印度威胁的后方。为此，巴基斯坦致力于阻断印度—阿富汗连接，加速巴基斯坦—阿富汗整合。

巴基斯坦谋求把阿富汗纳入其对抗印度的轨道。其高级目标是把阿富汗塑造为巴对抗印度的"战略纵深"，底线则是防止印度控制喀布尔政权。

● **高级目标**。当印巴发生战争时，巴基斯坦能够以阿富汗/伊斯兰土地作为战略进攻、撤退、反攻的堡垒，即"战略纵深"。

巴阿关系中的"战略纵深"概念是印巴对抗和大国政治的产物。1960年巴基斯坦国家重建局官员埃斯拉姆·希迪奎（Aslam Siddiqui）提出，印度和阿富汗分别从东部和西部同时威胁巴基斯坦，伊斯兰世界应该谋求以某种方式整合阿富汗和巴基斯坦，这个整合将构成"战略纵深"，满足巴基斯坦的两大需要：一是防御印度进攻；二是加强国内团结，解决俾路支、普什图等边境地区的分裂主义倾向②。

1971年巴基斯坦输掉孟加拉战争后，"战略纵深"显得更加紧迫。但它之所以能够从构想转变为一种现实的战略设计，

---

① "151 Insurgent Camps in Balochistan, Afghanistan Creating Unrest: IG FC", June 2, 2012, http://tribune.com.pk/story/387805/151 - insurgent - camps - in - balochistan - afghanistan - creating - unrest - ig - fc/.

② Neil Padukone, "India and Pakistan's Afghan Endgames: What Lies Ahead?", *World Affairs*, Vol. 175, No. 4 (Nov./Dec. 2012), pp. 79 - 86.

关键还在于美苏冷战。20世纪80年代美国主要通过巴基斯坦落实其对阿富汗抗苏力量的军事和资金支持计划。这在客观上培植和巩固了巴基斯坦对阿富汗的战略影响力，而这种影响力是90年代以来巴谋求战略纵深的基石。

理论上，20世纪末印巴两国跨越核门槛以后，阿富汗作为未来印巴冲突之战略纵深的实战价值在客观上已不复存在。谋取战略纵深的目标近年来在巴国内有争议和质疑，巴军队2012年发布的《新指针》表示要放弃传统的战略纵深思维。但是在实践中，战略纵深依然是巴基斯坦对阿战略思维的底色，因为巴基斯坦对印度、阿富汗等国外交的决策权在很大程度上不属于伊斯兰堡文官政府，而是掌握在军方手中。在印巴对抗局势没有根本改观的情况下，巴军方的底线是：阿富汗绝不能落入印度手中。

● **底线**。喀布尔政权不能倒向印度，不能与印度合谋损害巴基斯坦的重要利益。

冷战期间，阿富汗交好印度，但还未与印度结盟。在1948年、1965年、1971年三次印巴战争中，阿富汗都保持中立。印阿不结盟的一个重要原因是，冷战期间印度政府坚持不结盟原则。另一个原因是阿富汗的政治文化十分重视独立精神，它不会完全听命于任何外部力量。

尽管如此，巴基斯坦担心，印度的介入可能会改变巴阿力量对比。如上所述，阿富汗起初对巴基斯坦的态度并不友好。面对阿富汗一国发出的挑战，巴基斯坦还能勉力应付。20世纪下半叶，巴多次暂时封锁或拖延阿富汗过境货运，以此便可遏制喀布尔公开挑衅的气势。但假若印度加入，巴—阿力量对比将完全不同。

2011年印度已同阿富汗签署战略伙伴关系协定。在这种状况下，巴自然不会轻易放弃一切可以影响阿富汗和地区局势的资源，包括塔利班在内。

3. 保持并设法增强对阿富汗的战略影响力

国际社会公认，巴基斯坦对阿富汗局势具有独一无二的战略影响力。这一影响力在当前和未来一段时间主要有三大支柱：
- 作为阿富汗的出海口和国际贸易主要通道。
- 同阿富汗穆贾西丁、塔利班等政治武装力量的深厚关系。
- 数百万阿富汗难民在巴基斯坦贤哲会法扎尔派（JUI-F）和伊斯兰促进会（JI）创办的宗教学校学习。

这三点直接关系到阿富汗当前和未来的经济生存、政治稳定和社会安宁。过去十多年，巴基斯坦对这三大战略工具的使用频率和维护程度不尽相同。

这些资源还可服务于在阿抗衡印度的战略。2008年以来，印度驻阿使领馆和援建人员多次遭袭，新德里和喀布尔都把矛头指向伊斯兰堡，称之为巴基斯坦发起的代理人战争。兰德公司也认为，支持代理人在阿富汗袭击印度利益，是巴方的重要战略，意在封堵印度在阿势力，防止被印阿夹击。[1]

4. 实现阿富汗稳定，扩大经济发展机会

人们往往只从地缘政治角度去观察巴阿关系，看到的主要是巴对阿的政治影响力。实际上，经济贸易也是巴阿关系的重要环节。阿富汗是巴出口商品和服务的主要市场之一。就此而言，阿富汗的稳定和发展符合巴基斯坦的战略利益。苏联解体后，巴希望通过阿富汗连接中亚各国，实现能源来源和商品出口市场的多样化。这是1994年贝·布托政府疏远抗苏战争期间的穆贾西丁力量，转而支持塔利班的关键原因。

21世纪以来，巴基斯坦在国家生存、军事安全、国民经济正常运转等方面，面临诸多严峻挑战。在印度经济快速发展的对照下，巴经济困境格外醒目，能源危机尤其突出，是制约经济发展的首要瓶颈。阿富汗重建及其毗邻中亚的地缘价值，为

---

[1] Larry Hanauer and Peter Chalk, *India's and Pakistan's Strategies in Afghanistan: Implications for the United States and the Region*, RAND Report 2012, pp. 26-29.

巴缓解经济困境提供了一条可能的出路。2004年8月，卡尔扎伊访问伊斯兰堡时表示，"阿富汗将开放同巴基斯坦的贸易，阿富汗将对巴基斯坦的过境活动敞开怀抱，通过阿富汗，巴基斯坦可以连接中亚各国"①。

地缘经济利益和地缘政治利益在巴基斯坦对阿富汗政策的考虑中具有同等重要的地位。地缘经济利益也是巴基斯坦积极参加美国"新丝绸之路"计划的首要动机。

二　巴基斯坦对阿富汗的战略

相对阿富汗而言，巴基斯坦是大国，但南亚地区真正的大国是印度。在印巴对抗的大背景中，巴基斯坦在阿富汗的战略遵循一个基本的博弈原则：但求不败。

21世纪巴基斯坦对阿富汗的战略在很大程度上延续了20世纪末的基调。不过，1998—1999年印巴跨过核门槛，淡化了"战略纵深"的军事色彩，增加了其政治经济底蕴。当前和未来巴对阿外交中"战略纵深"的真实含义至少有两个层面：（1）防止阿富汗落入印度手中，以免令巴基斯坦陷入腹背受敌的困境。（2）以阿富汗为桥梁，北上连通中亚地区，带动巴经济发展，实现巴基斯坦版本的地区一体化战略，服务于巴成为地区大国的目标。

1. 确保对阿富汗和解进程的影响力

国际社会普遍承认，巴基斯坦是阿富汗政治和解中不可或缺的力量，同时也是阿富汗长期稳定和平的决定性力量。没有巴基斯坦的积极支持，阿富汗难以实现真正的和解与和平。这不仅在于地理纽带的现实，而且更在于人们普遍认为巴手中掌控着阿富汗和解的钥匙——塔利班。

---

① Editorial, "Pakistan – Afghanistan Trade", August 30, 2004, http://editorials. voa. gov/a/a – 41 – a – 2004 – 08 – 31 – 2 – 1 – 83098532/1478429. html.

民族和解是未来一段时期阿富汗最大的政治，直接决定着阿政局的走向和喀布尔现政权的命运。2010年美国已经承认塔利班是阿富汗重要的政治力量。巴基斯坦掌握着决定阿富汗政局的重要资源：

- 巴基斯坦"奎达舒拉"是阿塔首要的权力中心。
- 巴监狱中关押着为数不少的阿塔骨干力量。监狱是规训力量的核心工具①。

卡尔扎伊政府多次要求巴基斯坦帮助促成喀布尔同阿塔的谈判。2011年以来，巴基斯坦在推动阿富汗和解进程方面做了许多努力。纳瓦兹·谢里夫上台后，以释放关押的阿塔领导人来表明巴方真诚支持阿富汗民族和解进程。

但是，四分五裂的阿塔并非完全在巴基斯坦掌控中。加之在像阿富汗这样政治动荡数十年之久的国家里，长期交战的各方要实现和解，其进程一波三折本在情理之中。可美国和喀布尔出于不同的考虑，都急于直接达成最后的结果，而且每每受挫便指责巴基斯坦耍两面派、对和解不真诚等，令巴方倍感委屈。

退一步说，即便巴基斯坦真的半心半意，阿富汗政治舞台上的其他国家其实也是一样。印度一面支持喀布尔政权，一面交好北方联盟旧部。美国则既在喀布尔进行国家建设，同时在农村地区发展地方警察力量，2010年以来也暗中接触塔利班。伊朗也是如此。它们都在双面下注。归根结底，阿富汗大国政治的重要特征原本就是大国各显神通，培育和寻找各自的代理人。

除非阿富汗民族和解取得实质性进步，否则印巴在阿富汗各执一方的局面还会继续，延续并加深印巴对抗和矛盾。不过，

---

① 米歇尔·福柯：《规训与惩罚》，刘北成、杨远婴译，生活·读书·新知三联书店2012年版。

印、巴在阿富汗各自支持代理人的做法，对未来巴—阿、阿—印国家间关系的影响，不能简单归结为"破坏"或"促进"，因为一个重要的变量是：塔利班能否进入阿富汗未来政府及其拥有怎样的地位。

2. 参与和支持阿富汗重建

巴基斯坦的经济实力无法与印度相比，但伊斯兰堡仍尽力参与阿富汗重建。主要措施大体可以分为三类：

第一，经济援助。

2002年4月，巴基斯坦给阿方提供1亿美元的一揽子重建援助。目前，巴援建的托克哈姆到贾拉拉巴德的公路修复已完成，并正和其他国家一道努力把这条公路升级为双车道高速路。2010年，巴阿签署连通两国铁路系统的谅解备忘录，计划共同出资修建两条铁路线，连接奎达到坎大哈省南部、白沙瓦到贾拉拉巴德①。

巴基斯坦其他援助项目主要分布在文教卫生领域。医疗卫生设施的援助包括在喀布尔占地25英亩的真纳医院、卢格尔的一座医院、巴达赫尚的义肢中心、贾拉拉巴德的肾病中心、坎大哈的核磁医疗中心等。② 文化教育方面，巴在喀布尔大学出资设置伊克巴尔文学教授讲席，给7000名阿富汗学生提供奖学金，重建喀布尔的拉赫曼·巴巴高中，援建马扎尔谢立夫大学校舍，给阿富汗小学生捐赠200万本教材、4万个书包、15万套课桌课椅，等等。此外，还赠送给阿富汗200多辆卡车、100辆大客车和45辆救护车。2008年阿富汗发生粮食危机，巴基斯坦以政府补贴价向阿富汗出口了5万吨小麦。截至2012年年

---

① Javed Hamim Kakar, "Pakistan, Afghanistan Ink MoU on Rail Links", *Pajhwok Afghan News*, July 7, 2010, http://www.pajhwok.com/en/2010/07/07/pakistan-afghanistan-ink-mou-rail-links.

② 巴基斯坦外交部：*Foreign Office Year Book 2005 – 2006*, http://www.mofa.gov.pk/Publications/Yearbook_05-06.doc。

底，巴基斯坦对阿富汗重建的援助约 3 亿美元①。

第二，加强经济贸易合作。

2002 年 4 月，穆沙拉夫同卡尔扎伊签署了扩大双边贸易和经济合作的协定。随后两国政府采取了一系列加强经济联系、共同发展的措施。比如 2002 年两国共同组建"巴基斯坦—阿富汗联合经济委员会"（JEC），在促进双边贸易方面取得了不俗的成绩。2002 年巴阿双边贸易额为 300 万美元，2009 年为 6 亿美元，2012 年增至 21 亿美元。2002—2003 年，阿富汗是巴基斯坦第八大出口对象国，2004—2005 年上升到第四位。根据国际货币基金组织的数字，2005—2006 年，巴基斯坦是阿第三大进口来源国，来自巴基斯坦的商品占阿总进口的 15%，仅次于中国和日本。2014 年 11 月，阿富汗总统加尼访问巴基斯坦时，两国确立了新的目标：到 2017 年把双边贸易增加到 50 亿美元。②

---

① Sumita Kumar, "Pakistan – Afghanistan Relations: Stablilizing Politics Through Economics", *Strategic Analysis*, Vol. 32, No. 2 (April 2008), pp. 233 – 243. "Pak Handed over Draft of SPA to Afghanistan to Further Build up Bilateral Relations with Neighboring Country", South Asian News Agency, Dec. 3, 2012, http://www.sananews.net/english/pak – handed – over – draft – of – spa – to – afghanistan – to – further – build – up – bilateral – relations – with – neighboring – country/. Larry Hanauer and Peter Chalk, *India's and Pakistan's Strategies in Afghanistan: Implications for the United States and the Region*, RAND Report 2012, p. 35. 另一说法为 1.5 亿美元，比如 "India and Pakistan Are Playing out Their Rivalries in Afghanistan", http://www.economist.com/node/8896853, March 22, 2007。

② Zubia Ikram, "Special Survey: Paksitan – Afghanistan Relations After 9/11", *Pakistan Horizon*, Vol. 59, No. 1 (Jan. 2006), pp. 17 – 21. Abdul Qadir Siddque, "Pakistan to Resolve Afghan Trader's Problems", Pajhwok Afghan News, Dec. 5, 2010, http://www.pajhwok.com/en/2010/12/05/pakistan – resolve – afghan – traders – problems. *State of Pakistan – Afghanistan Relations*, PILDAT Background Paper, 2012, p. 14. "Ghani's Visit: Peace and Stablity in Afghanistan is in Pakistan's Interest, Says Hussain", Nov. 14, 2014, http://tribune.com.pk/story/791040/afghan – president – ashraf – ghani – arrives – in – islamabad/.

巴基斯坦也是阿富汗重要的出口市场。2002年，阿出口商品总额为1亿美元，其中2600万美元销往巴基斯坦。国际货币基金组织统计的数字是，2005—2006年，巴基斯坦市场占阿富汗总出口的85%。

巴阿双边贸易中，阿富汗严重入超。除此以外，未来双边经贸关系进一步发展还面临两大结构性和全局性挑战：一是两国经济结构互补性不明显；二是商品走私现象严重，这不仅涉及边境地区管理问题，还与国际毒品走私、跨国犯罪网络相关。

巴基斯坦推进巴阿经贸关系的其他主要措施还包括：

- 两国签订投资贸易保护协定，以创建有利的投资环境。
- 两国同意各自银行在对方境内开设分支机构。
- 两国同意修建查曼—斯宾波达克、查曼—坎大哈的铁路线，以促进贸易流通。
- 巴方在瓦济里斯坦开设对阿贸易运输线。
- 发展边贸。在巴阿边境线增设10个口岸和9个海关站点。

第三，给阿富汗提供过境便利。

阿富汗是内陆国，对外交通十分不便，必须借助巴基斯坦或者伊朗的出海口。1950年巴阿两国签署过境协定，巴方准许阿富汗进口商品免税通过卡拉奇运输。其后，巴基斯坦多次关闭通道，作为对阿富汗支持巴各种分裂主义力量的报复。这是五六十年代阿富汗走近苏联的诸多原因之一。在美国的撮合下，1965年巴阿两国签署《阿富汗过境贸易协定》（ATTA），巴基斯坦承诺给阿富汗过境贸易提供五条运输路线：白沙瓦—托卡姆；查曼—斯宾波达克；古拉姆汗克里；卡西姆港口和卡拉奇港口。

截至目前，阿富汗陆路对外通道主要有三条：奎达—坎大哈公路；白沙瓦—喀布尔公路；马什哈德—赫拉特公路。前两条与巴基斯坦相连，第三条通往伊朗。还有一条连接扎兰季到伊朗阿巴斯港口的低等级公路。因此，给阿富汗提供对外经济联系的过境便利，是巴基斯坦对阿富汗重建的切实帮助。

2001年，阿过境巴基斯坦商品价值总额为2亿美元，2010年增至25亿美元。① 2010年10月28日，巴阿签署新的《阿富汗—巴基斯坦过境贸易协定》（APTTA），取代1965年的过境贸易协定。根据新的协定，阿富汗可以通过巴基斯坦的瓦尕口岸（Wagah）向印度出口商品，但印度不得借道巴基斯坦向阿富汗出口商品。作为交换，阿富汗给巴提供同中亚贸易的过境方便。

阿富汗学者认为APTTA是两国经济政治合作历史的"重大突破"②。实际上，深陷反恐战争中的巴阿两国国内局势、巴阿双边关系都十分脆弱。2012年，阿富汗过境巴基斯坦的商品额降至10亿美元。之后，过境协定执行得不太顺利，阿富汗政府和商人仍常抱怨货物被滞留。

巴阿之间关于过境协定的一个重要争执在于印度。当前APTTA规定阿可以过境巴基斯坦向印度出口商品，但不能过境从印度进口商品。阿多次提议把印度纳入过境协定，以便印度商品可以过境巴基斯坦运往阿富汗，扩大印阿贸易，同时还可以降低阿出口商品的运输成本，如果运输出口商品的车辆不必空车返回的话。对此巴基斯坦始终没有答应。巴商务部说，如果准许印度商品经巴基斯坦进入阿富汗，那将使巴方失去20亿美元的市场。但真正的顾虑可能不单在于经济收益方面，而在于政治和安全领域。无论如何，巴基斯坦不愿意成为印阿更密切关系的桥梁。近年来，印度为了加强同阿富汗的经济和战略联系，正在努力拓展经伊朗查巴哈尔港连接阿富汗和中亚的路径。

2012年7月，巴阿过境协定扩大到塔吉克斯坦。塔吉克斯

---

① Wolfgang‐Peter Zingel, "The Economics of Pakistan‐Afghanistan Relations: Implications for the Region", *India Quarterly*, Vol. 70, No. 1 (2014), pp. 1–14.

② Richard Ghiasy, Maihan Saeedi, "The Heart of Asia Process at a Juncture: An Analysis of Impediments to Further Progress", *Policy Paper*, Afghan Institute for Strategic Studies, June 2014, p. 17.

坦获准使用巴基斯坦的瓜达尔和卡拉奇作为进出口通道,与此同时,巴—塔双边贸易将过境阿富汗。贝·布托政府谋求的经"阿富汗走廊"连通中亚的目标终于迈出了重要一步。

2014年11月14日,阿富汗总统加尼访问巴基斯坦。巴方提出了一系列优惠措施,以表示对新政府的友善。在过境方面主要有三点:(1)简化手续,加快阿进口货物在巴境内的物流速度。属于过境协定框架内的商品在24小时内运送95%。(2)降低关税。(3)降低港口和仓库设施使用费。双方还讨论了CASA-1000和TAPI等能源、管线项目。①

3. 安置和遣返阿富汗难民

1979年开始,数百万阿富汗人为躲避战祸或为谋生而涌入巴基斯坦。2011年在巴登记注册的阿富汗难民170万人,据估计除此以外还有大约300万阿富汗人未经登记在巴滞留。登记在册的难民42%居住在边境地区的难民营,58%居住在城市地区。②

大量难民给巴基斯坦社会和经济带来沉重负担,加剧就业压力,同时也暗含着政治风险,是对巴基斯坦社会和政治治理机制的考验,因为难民同阿富汗塔利班、巴基斯坦塔利班之间关系复杂。伊斯兰堡认为,容留数百万难民就是巴基斯坦对阿富汗社会发展的巨大贡献③。此言不虚。

2003年阿富汗、巴基斯坦和联合国高级难民署(UNHCR)三方签署协定,同意重新安置滞留在巴的240万阿富汗难民。不

---

① "Afghani, Pakistani Leaders Meet to Reaffirm Partnership", Nov. 15, 2014, https://sputniknews.com/politics/20141115/1014784300.html.

② *State of Pakistan – Afghanistan Relations*, PILDAT Background Paper, 2012, p. 14. Sumita Kumar, "Pakistan – Afghanistan Relations: Stabilizing Politics Through Economics", *Strategic Analysis*, Vol. 32, No. 2 (April 2008), pp. 233 – 243.

③ "India and Pakistan Are Playing out Their Rivalries in Afghanistan", http://www.economist.com/node/8896853, March 22, 2007.

少阿富汗人陆续离开，但是仍有一大批难民不愿意返回阿富汗。截至 2009 年年初，巴为重新安置阿富汗难民已支付 2000 万美元。2013 年的遣返难民补助费达到 9000 万美元。相较于巴的经济能力而言，这是一个不小的数字。根据世界银行的统计，巴基斯坦 2009 年 GDP 为 1681.5 亿美元，人均总收入（GNI）1060 美元。①

难民遣返和安置的真正困难在阿富汗一方。目前阿富汗社会经济状况还承受不起大批难民集中返回。2014 年阿难民安置部的财政预算为 120 万美元。这与庞大的难民数量相比无疑杯水车薪，但阿日益严峻的经济形势和财政困境，恐怕连这笔难民安置预算都难以为继。与此同时，长期背井离乡的难民返回故土后，在融入当地社会生活方面也遭遇诸多困难，其中不少人被迫再度离开。联合国难民署 2013 年的报告显示，2002—2013 年返回难民总数的 40% 没能重新融入故乡的社会生活，60% 的人难以在祖国"重建他们的新生活"②。总之，难民遣返和安置问题不是单纯的人道主义救助问题，而是现实的政治经济和社会问题，也是阿富汗同巴基斯坦、伊朗双边关系的重要议程。

就巴阿关系而言，影响难民遣返问题的主要变量包括：巴阿政府间关系、巴在美国反恐战争中经受的外交压力以及巴国内的反恐压力等。在某种意义上，难民问题是巴阿政府间关系的一个晴雨表：两国关系恶化或者出现问题时，巴方就会高调遣返难民。美国的反恐压力也有类似"效果"。2004 年起阿反恐形势趋于严峻，巴基斯坦被称为恐怖分子的"安全天堂"，承受的外交压力

---

① 巴基斯坦安置难民资金数据来自 Shahnawaz Muhammad Khan et. al., "Pakistan's Foreign Policy: Quarterly Survey, Jan. – April 2009", *Pakistan Horizon*, Vol. 62, No. 2/3 (April – July 2009), pp. 1 – 6；世界银行数字来自 http://data.worldbank.org/country/pakistan。

② UNHCR, *UNHCR Eligibility Gudielines for Assessing the International Protection Needs of Asylum – Seekers from Afghanistan*, August 6, 2013, http://www.refworld.org/pdfid/51ffdca34.pdf.

与日俱增。2006—2007年，巴阿边境地区的三大难民营居住着20多万人，其中可能包括阿富汗武装分子。在联邦权威原本薄弱的部落地区，伊斯兰堡其实无力逐一筛查和辨别出难民和恐怖分子。但是，为了应对美国一再提出的"做更多"的压力，也为了回应卡尔扎伊越来越激烈的公开批评，2007年2月巴方宣布，将在8月以前关闭这三个难民营。引发热议。

为了避免加剧阿富汗动荡，国际社会不赞成巴大规模集中遣返难民。2012年年初，在联合国难民署的协调下，巴基斯坦、伊朗同阿富汗达成解决方案，承诺有序引导阿富汗难民安全返回祖国。5月，联合国难民署提出了阿富汗难民的"战略出路"方案。方案重申"自愿、安全、有序返回"的原则，提出一系列具体措施。但其所谓"出路"至少有两大问题：（1）方案针对的是登记在册的难民，即在巴的200万人，在伊朗的100万人。方案不包括未登记在册的难民。但巴、伊两国都有大量未登记的阿富汗难民。（2）方案的执行费用太高。根据方案设想，巴、伊、阿三国安置难民的整个工程需花费将近20亿美元。仅阿富汗在2012—2014年就需要准备至少8.6亿美元的预算。① 这对三个国家当前的财力而言，无异于天方夜谭。

2014年12月16日开普省（KP）首府白沙瓦发生恶性恐怖袭击事件，导致140多人死亡，其中包括132名儿童。阿武装力量涉嫌参与其中。19号，开普省首席部长发表讲话要求"所有阿富汗难民立即离开"。开普省有90万登记在册的阿富汗难民。25日联邦政府颁布新的反恐行动法案，提出20条行动计划，其中包括"制定对阿富汗难民的全面政策"②。事实证明，这项

---

① UNHCR: *Solutions Strategy for Afghan Refugees*, Geneva: May 2-3, 2012, http://www.unhcr.org/afghanistan/solutions-strategy.pdf.

② AFP, "P. M. Sharif Announces Antiterrorism Action Plan", Dec. 25, 2014, http://newsweekpakistan.com/pm-sharif-announces-antiterrorism-action-plan/.

"全面政策"的核心其实是遣返。计划出台以后，政府立即加大遣返力度，在10周之内遣返了5.2万名阿富汗难民，比2014年全年遣返的总人数多1倍。①

4. 参与地区经济一体化，创建阿富汗问题地区机制

为缓解能源危机，巴基斯坦积极参与美国"新丝绸之路"框架内的TAPI和CASA-1000项目，对伊朗—巴基斯坦天然气管线（IP）也有浓厚兴趣；试图在美国和伊朗对立的一体化方案之间左右逢源。但巴基斯坦绝不是大国既有方案的被动参与者，如前所述，TAPI的原型是巴基斯坦参与谋划的TAP管线。且有分析认为，当初巴基斯坦之所以支持塔利班，一个重要考虑是为了确保TAP管线的安全②。

对伊斯兰堡来说，美国和伊朗的能源管网都具有地缘政治价值：能让巴基斯坦处在印度能源通道的"上游"，进而多一个制约印度的砝码。印度深知这一点，所以早在阿富汗战争之前就担心巴会切断IPI管线。这也是除了美国制裁伊朗的压力之外，促使印度退出IPI的一个重要因素。③ 印度退出后，巴对IP关系的热情和动力也有所减弱。④

基于巴基斯坦在阿富汗的实际影响力，它在阿富汗问题的若干多边机制中发挥重要作用。2009—2010年，巴基斯坦、土耳其和阿富汗一道，创建了"亚洲之心—伊斯坦布尔进程"。

---

① Christine Roehrs, "The Refugee Dilemma: Afghans in Pakistan between Expulsion and Failing Aid Schemes", *Afghanistan Analysts Network*, March 9, 2015.

② Nazif M. Shahrani, "War, Factionalism, and the State in Afghanistan", in Kamala Visweswaran (ed.), *Perspectives on Modern South Asia*, West Sussex: Blackwell Publishing Ltd., 2011, p. 216.

③ Farah Naaz: "Indo-Iranian Relations: Vital Factors in the 1990s", *IDSA Strategic Analysis*, Vol. XXV, No. 2 (May 2001), pp. 227-241.

④ Arif Ansar, "Civil-Military Tensions", http://www.pakistantoday.com.pk/2012/01/civil-military-tensions/, Jan 14, 2012.

亚洲之心—伊斯坦布尔进程：

"亚洲之心"一词是次大陆传奇诗人、哲学家穆罕默德·伊克巴尔对阿富汗的描述。他写道："亚洲的躯体由水和土构成，阿富汗是其心脏；心脏的强盛带来亚洲繁盛，心脏的衰弱引起亚洲的衰败。"2009年4月1日阿富汗—巴基斯坦—土耳其三边第三次峰会提出召开亚洲之心地区峰会的构想。2010年1月底，六方机制（阿富汗、巴基斯坦、土耳其、伊朗、中国和塔吉克斯坦）伊斯坦布尔峰会赞同这一构想。于是，2011年11月在伊斯坦布尔正式启动"亚洲之心—伊斯坦布尔进程"，来自14个国家的外交部部长共同讨论地区安全合作，以推动阿富汗的安全和稳定。与会各国表示将在所有层面进行真诚务实合作，不仅帮助阿富汗，而且确保整个地区的安全和繁荣。

亚洲之心—伊斯坦布尔进程实际囊括了阿富汗问题相关利益各方。包括14个成员国、17个支持国、11个地区和国际组织。

表2　　　　　亚洲之心—伊斯坦布尔进程的参与者[①]

成员国	阿富汗、阿塞拜疆、中国、印度、伊朗、哈萨克斯坦、吉尔吉斯共和国、巴基斯坦、俄罗斯、沙特阿拉伯、塔吉克斯坦、土耳其、土库曼斯坦、阿拉伯联合酋长国
支持国	澳大利亚、加拿大、丹麦、埃及、欧盟、法国、芬兰、德国、伊拉克、意大利、日本、挪威、波兰、西班牙、瑞典、英国、美国
地区和国际组织	联合国、北约、伊斯兰合作组织、亚洲开发银行、集体安全条约组织、阿迦汗发展网络（AKDN）、亚信会议、经济合作组织、欧洲安全与合作组织、南亚区域合作联盟、上海合作组织

亚洲之心—伊斯坦布尔进程的基本原则包括：尊重主权和领土完整，推动地区合作，应对共同挑战，实现共同利益；为参与国讨论重大地区问题提供平台等。进程有三个主要机制：

[①] 根据亚洲之心—伊斯坦布尔进程官网的资料编制，http://www.heartofasia-istanbulprocess.af/。

- 阿富汗同各国举行外交部部长级政治磋商；
- 落实《伊斯坦布尔进程文件》的"信任培育措施"（CBMs）；
- 与各种地区进程和组织加强合作。

进程设两个主席国：阿富汗是常任主席，另一个主席国为部长级会议的举办国轮流担任。2011—2016年，亚洲之心进程相继在伊斯坦布尔、喀布尔、阿拉木图、北京、伊斯兰堡、新德里举办了6届部长级会议。

亚洲之心进程迄今最重要的机制是"信任培育措施"（CBMs）。共有6个小组，分别由不同成员国组成，由不同的国家负责协调/领导。在14个成员国中，只有阿富汗、巴基斯坦、土耳其、印度和伊朗参与全部6个小组，中国只参加了其中的反恐和反毒两个小组。具体情况见表3。

表3　亚洲之心—伊斯坦布尔进程的"信任培育措施"（CBMs）小组

CBMs	参加国	领导国
灾害管理	阿富汗、巴基斯坦、土耳其、印度、伊朗、中国、哈萨克斯坦、吉尔吉斯共和国	巴基斯坦、哈萨克斯坦
反恐	阿富汗、巴基斯坦、土耳其、印度、伊朗、阿塞拜疆、中国、吉尔吉斯共和国、俄罗斯、塔吉克斯坦、阿拉伯联合酋长国	阿富汗、土耳其、阿拉伯联合酋长国
反毒	阿富汗、巴基斯坦、土耳其、印度、伊朗、阿塞拜疆、中国、哈萨克斯坦、吉尔吉斯共和国、俄罗斯、塔吉克斯坦、阿拉伯联合酋长国	俄罗斯、阿塞拜疆
地区基础设施	阿富汗、巴基斯坦、土耳其、印度、伊朗、阿塞拜疆、哈萨克斯坦、吉尔吉斯共和国、俄罗斯、塔吉克斯坦、土库曼斯坦	土库曼斯坦、阿塞拜疆
贸易通商和投资	阿富汗、巴基斯坦、土耳其、印度、伊朗、阿塞拜疆、哈萨克斯坦、吉尔吉斯共和国、俄罗斯、塔吉克斯坦、阿拉伯联合酋长国、土库曼斯坦	印度
教育	阿富汗、巴基斯坦、土耳其、印度、伊朗、阿塞拜疆、哈萨克斯坦、吉尔吉斯共和国、俄罗斯、塔吉克斯坦、土库曼斯坦	伊朗

亚洲之心进程是一个地区多边机制，它在未来面临的主要内生性挑战是，如何超越印—巴、巴—阿、伊朗—沙特等双边敌对和仇恨，克服中亚国家间领土边界、水资源等矛盾纠纷，平衡协调参与国、支持国和地区国际组织之间悬殊的社会政治目标，达成真正有效的地区合作，真正促进阿富汗和平以及地区共同目标。

第三节　印　度

印度同阿富汗的密切关系可追溯到历史早期。根据《伊朗大百科全书》，"阿富汗"（Afgan）一词最早出现在公元6世纪初印度的文献中。[1] 考古学家们在阿富汗境内发现了一些印度河文明遗址，特别是坎大哈附近的曼迪噶克（Mundigak）[2]。12世纪，阿富汗是中亚征服者南下印度的据点和堡垒。其中的穆斯林征服者经阿富汗南下，在印度建立了德里苏丹王朝和莫卧儿王朝。1881—1919年，英印政府控制阿富汗的外交，并划定了今阿富汗的国界线。

印巴分治以后，1947—1948年，阿富汗以其在国际社会公开反巴的立场和行动，奠定了同印度友好关系的基础。1950年1月4日，印度和阿富汗签订友好关系条约。1979年苏联出兵阿富汗之初，印度总理乔杜里·辛格（Chaudury Charan Singh）曾公开反对苏联，要求苏联立即撤军。但1980年1月英迪拉·

---

[1] 阿富汗（Afgan）是 Avagana 的变体，而 Avagana 最早出现在印度天文学家瓦拉哈·米希拉（Varaha Mihira）的记录中。Ch. M. Kieffer, "Afghan", in *Encyclopedia Iranica*, http://www.iranicaonline.org/articles/afgan-in-current-political-usage-any-citizen-of-afghanistan-whatever-his-ethnic-tribal-or-religious-affiliation.

[2] 赫尔曼·库尔克、迪特玛尔·罗特蒙特：《印度史》，王立新、周红江译，中国青年出版社2008年版，第24页。

甘地当选总理后，印度转而为苏联入侵辩护，把矛头指向巴基斯坦。英迪拉·甘地说，苏联军队之所以进入阿富汗，是因为"巴基斯坦正培训阿富汗叛乱分子，并派遣他们去推翻阿富汗政府"①。20 世纪 80 年代，印度是全世界除了华沙条约组织国家之外唯一承认阿富汗人民民主党政权合法性的国家。1980—1988 年，联合国讨论要求苏联撤军的重大决议时，印度都投弃权票。

与巴—阿关系相反，1947 年以后，印—阿关系只在塔利班政权时期不友好。苏联撤军后，印度给纳吉布拉政权提供经济和人道主义援助。1992 年纳吉布拉政权垮台后，印度继续支持拉巴尼政权，继续保持印阿政府间友好关系。

1996 年塔利班夺占喀布尔，印阿官方关系中断。同年 9 月印度关闭其驻喀布尔使馆，全力支持北方联盟。塔利班政权则和巴基斯坦一道对抗印度。1999 年印巴卡吉尔冲突中，塔利班派遣其 055 精锐师的 200 名战士与巴方并肩作战。②

2001 年美国推翻塔利班政权以后，印度高调发展同卡尔扎伊政府的关系③，同时利用阿富汗重建的天时及传统的人和之利，全面重塑同阿富汗的友好关系，通过各种援建项目在阿富汗站稳脚跟，争取民心，培育"软实力"。鉴于巴基斯坦"横亘"在印阿之间的地缘政治现实，印度还致力于重塑阿富汗的对外通道，不仅增强印阿直接联系，而且力图减少阿经济对卡

---

① R. Horn, "Afghanistan and the Soviet – Indian Influence Relationship", *Asian Survey*, Vol. 23, No. 3 (1983), pp. 145 – 146.

② K. Santhanam (ed), *Jihadis in Jammu and Kashmir: A Portrait Gallery*, New Delhi: Sage 2003, pp. 315 – 316.

③ 在重建印度—阿富汗关系方面，卡尔扎伊发挥了重要作用。他本科毕业于印度喜马偕尔大学政治学系，后来参加穆贾西丁反苏圣战，并曾担任纳吉布拉政府的外交部副部长。塔利班夺取政权以后，卡尔扎伊因政见不和而流亡巴基斯坦。1999 年 7 月他的父亲在奎达被暗杀身亡，据说塔利班参与实施了这次暗杀。

拉奇出海口的依赖，平衡巴基斯坦对阿富汗的影响力。

一 印度在阿富汗的目标

印度在阿富汗的目标与印度本身的政治追求、地缘政治关系、世界地位变化直接相关。自独立起，尼赫鲁便以成为世界上"有声有色的大国"为政治目标，认为印度绝不能"扮演二等角色"①。这成为之后印度历代政治精英的共同意志。在地缘政治方面，印度是次大陆最大最强的国家，是南亚地区除了巴基斯坦以外其他各国的"老大"。当前印度在世界经济中的地位稳步上升。据国际货币基金组织按 GDP 混合值计算，2011 年印度紧随美国、中国、日本和德国，名列世界第五。② 这是我们观察印度对阿富汗当前和未来战略的重要背景。

印度在阿富汗追求的目标主要包括：

1. 对抗巴基斯坦

在一定程度上可以说，印巴对抗是理解印度 20 世纪对外战略的核心要素之一。冷战时期，阿富汗就已成为印巴对抗的战场。1979 年苏联出兵阿富汗，印度是当时国际社会少数没有谴责苏联的国家之一，巴基斯坦则积极支持阿富汗反苏战争。20 世纪 90 年代下半叶，巴基斯坦支持塔利班政权，印度则大力援助反塔利班的北方联盟。2001 年塔利班政权垮台逃往巴基斯坦，

---

① 尼赫鲁：《印度的发现》，齐文译，世界知识出版社 1957 年版，第 57 页。

② 关于近年来印度宏观经济状况，可参见 Muneesh Kapur and Rakesh Mohan, "India's Recent Macroeconomic Performance: An Assessment and Way Forward", *IMF Working Paper*, April 2014, http://www.imf.org/external/pubs/ft/wp/2014/wp1468.pdf；有关印度在全球经济中的地位，可参见 Arvind Virmani, "Global Economic Governance: IMF Quota Reform", *IMF Working Paper* July 2011, pp. 12 – 13, http://www.imf.org/external/pubs/ft/wp/2011/wp11208.pdf。

阿富汗新政府亲近印度。

2002年以来，印度积极扶助阿富汗新政权，加紧打造同喀布尔的联盟关系。有分析人士认为，印度在阿重建的努力"是为了赢得阿富汗社会各个阶层和地区，给阿富汗人呈现一个高尚的印度形象，获取最大程度的政治收益，同时也削弱巴基斯坦的影响力"①。在援建阿富汗的过程中，印度正和伊朗一起努力，以查巴哈尔港口来平衡阿富汗经济对卡拉奇的依赖，动摇巴基斯坦在阿影响力的地缘经济基础。

2. 打击极端主义和恐怖主义，确保国家安全

在印巴对抗和阿富汗反苏圣战的历史作用下，20世纪80年代末期开始，克什米尔穆斯林的各种"圣战"力量不断威胁印度国内政治秩序和安全，纯洁军②（LeT）、达瓦促进会（JuD）、穆贾西丁运动（HuM）、穆罕默德军（JeM）等尤为活跃。塔利班政权时期，阿富汗建立了21个克什米尔激进力量训练营③，这直接导致它卷入1999年卡吉尔冲突。21世纪以来，印度本土多次遭受恐怖主义打击，其中包括2001年印度议会大厦袭击事件、2008年孟买恐怖袭击事件等。阿境内的印度公民和外交代表一再受到暴力袭击，包括援建项目的工程技术人员和医疗队，以及驻喀布尔使馆（2008—2009年）等。

对此，印度广泛流行的解释模式是，以印度为打击目标的各种激进主义、极端主义和恐怖主义力量，都是巴基斯坦的政策工具。美国也认为，袭击印度的政治武装力量得到巴方支持、资助、培训和指使。值得一提的是，克什米尔地区的各种反印度武装和恐怖主义力量，同穆贾西丁、基地组织、阿富汗塔利

---

① 转引自 David Scott（ed.）, *Handbook of India's International Relations*, London: Routledge, 2011, p. 109。
② 国内也称之为"虔诚军"。
③ K. Warikoo（ed.）, *The Afghanistan Crisis: Issues and Perspectives*, New Delhi: Bhavana Books 2002, p. 367.

班之间存在千丝万缕的联系，而穆贾西丁和基地组织本身则是阿富汗抗苏战争的产物。苏联撤军之后，在阿参加"穆斯林领土保卫战"的穆贾西丁把圣战的场所和目标转向克什米尔。一方面是由于克什米尔的主权归属在印度、巴基斯坦之间存在争议，另一方面则是因为克什米尔地区居住着大量穆斯林①，两国主权争议被一些激进力量理解为有关伊斯兰领土的争夺。

打击恐怖主义和极端主义是印度在阿谋求的核心战略目标。为此，它不愿看到塔利班重新主政阿富汗，以免阿再度成为克什米尔和反印度武装的培训基地和强大后台。为了这个目标，印度大力扶助新政权，帮助建设阿富汗新国家，全面支持喀布尔的反恐行动，同时在反恐领域保持对巴基斯坦的外交和舆论压力。

3. 确保经济发展，实现大国梦想

印度正坚定追求成为大国的目标，为此不仅需要确保可靠的能源和市场，还需要稳定健康的社会秩序。

有人估计 2030 年印度所需能源的 80% 需要进口②。和当代所有能源进口大国一样，印度也尽力避免能源进口来源过分单一的风险。富产石油、天然气的中亚正好可以满足印度对能源和工业品市场的要求。阿富汗对印度的战略意义由此增加了一项，即作为印度北上的走廊，连通中亚的能源和市场。不仅如此，阿富汗本身就是一个有待开发的工业品市场，相比较目前在阿富汗市场上居于主导地位的巴基斯坦、伊朗和土库曼斯坦等国而言，印度工业品自有其优势。21 世纪以来，阿富汗国内也勘探发现了丰富的能源矿产资源。矿产资源包括铜矿、金矿、

---

① 1981 年的数字是，印控克什米尔地区有 384.3 万穆斯林，占总人口的 64.2%。数字来源于 http://www.kashmirstudygroup.com/awayforward/mapsexplan/religions.html。

② Vibhuti Hate, "India's Energy Dilemma", *South Asia Monitor*, No. 98, Sept. 7, 2006.

钴和锂等贵重稀有金属矿。天然气探明储量为 3.6 万亿—36.5 万亿立方英尺（约合 1000 亿—1.03 万亿立方米），石油为 4 亿—36 亿桶，石油伴生气 10 万—130 万桶。①

作为人口大国，印度是中南亚地区吸毒人数最多的国家。其官方估计鸦片吸食人数有 340 万，大麻吸食者约 1080 万②。鸦片主要来自阿富汗，辗转通过旁遮普邦的印巴边境走私进入印度。塔利班和其他民间武装力量参与鸦片毒品走私，所获资金用于发动暴力袭击，由此形成毒品和恐怖主义之间相互滋养的危险链条。

2002 年以来，印度积极参加阿富汗重建，特别是道路交通和基础设施建设，努力把阿富汗纳入中南亚经济一体化的框架。此举与美国的"新丝绸之路"战略多有契合之处，得到美国的大力支持。

二 印度在阿富汗的战略及其实施结果

在发展同阿富汗关系方面，印度虽然没有巴基斯坦和伊朗的地利之便，但身为次大陆最强大的国家，它坚信自己"迄今不是，也绝对不能是阿富汗局势的旁观者和局外人。印度想要成为解决阿富汗问题的一分子"。③ 在当代印度的外交战略和外

---

① Gustavson Associates, *Islamic Republic of Afghanistan: Preparing the Natural Gas Development Project*, Colorado: Gustavan Associate, December 2007, p. 5.

② "India on a High with 7 Drug Addiction Related Suicides Everyday", Hindustan Times, Nov. 5, 2014, http://www.hindustantimes.com/india/india-on-a-high-with-7-drug-addiction-related-suicides-every-day/story-onb8QVGwufkXVryWDtencI.html.

③ S. Reza Kazemi, "Afghanistan Conference in Kazakhstan: Will the Heart of Asia Start Throbbing?", ANN article, April 25, 2013, http://www.afghanistan-analysts.org/afghanistan-conference-in-kazakhstan-will-the-heart-of-asia-start-throbbing.

交学研究中，阿富汗是其"近邻"（immediate neighbour）①。不仅如此，印度是一个正在兴起的世界大国，如2013年2月美国中南亚事务助理国务卿罗伯特·布雷克（Robert Blake）说，"任何有关南亚事务的讨论，都必须从印度说起"。②

1. 培育和巩固政治影响力

这方面的战略主要有四个层面：

第一，全力支持阿富汗成为"民主、稳定和多元的国家"。

要确保阿富汗不再受控于亲巴基斯坦的塔利班，理论上最有效的方法是在阿培育一个完全不同于塔利班政权的政治体制。于是，印度全方位支持民主宪政框架下建立起来的卡尔扎伊政权，覆盖政治、经济、民生和军事等各方面。

2011年10月两国签订《战略伙伴关系协定》，确认坚持"共同的和平、民主、法治、非暴力、人权和基本自由的理念"。协定规定，双方建立战略对话机制，为在国家安全领域的合作提供框架，双方共同努力打击国际恐怖主义、有组织犯罪、毒品走私、洗钱等活动，巩固地区和平与安全。③

第二，加强同阿富汗权力体系各层级的关系，与巴基斯坦明争暗斗。

阿富汗过渡政府成立之初，印度立即恢复同阿富汗的外交关系。阿富汗过渡政府首脑卡尔扎伊、外交部部长阿卜杜拉·

---

① 在印度的外交战略中，中国属于"大国关系"（Great Power Relations）范畴。David Scott (ed), *Handbook of India's International Relations*, London: Routledge, 2011.

② 转引自 Zahid Shahab Ahmed, "Conflict or Cooperation? The Role of India and Pakistan in Post 2014 Afghanistan", *South Asian Studies*, Vol. 30, No. 1 (Jan – June 2015), pp. 273 – 290。

③ *Agreement on Strategic Partnership between the Islamic Republic of Afghanistan and the Republic of India*, http://eoi.gov.in/kabul/?pdf4644?000.

阿卜杜拉、国防部部长穆罕默德·卡西姆·法伊姆（Mohammad Qasim Fahim）在就任3个月内相继访问新德里。2002—2014年，卡尔扎伊7次访问印度，每次都受到最高规格的接待。

2002年，印度恢复了驻喀布尔使馆，以及分布在阿东南西北四大地区的领馆即贾拉拉巴德、坎大哈、赫拉特和马扎尔谢立夫领馆，以利发展同地方领导人的关系，促进在当地的投资建设利益。这些外交机构的恢复多次引发印巴争吵。巴称之为间谍机关，称其目的是给巴制造动荡和麻烦，搜集和监控巴在阿富汗的活动以便在需要时加以遏制。印度一方坚决否认，每当驻阿机构遭遇暴力袭击，都谴责巴为主谋[1]。印巴在阿富汗问题上的争吵近几十年来已是家常便饭。除开塔利班政权时期，巴基斯坦的态度对印阿关系的影响并不明显。

2005年印度总理曼莫汉·辛格访问喀布尔[2]，双方决定建立21世纪的新型伙伴关系。两国加强在发展、教育、能源、贸

---

[1] 这类言论在印度、巴基斯坦和阿富汗三国媒体中不胜枚举，西方智库和媒体也参与争论。比如 Kanchan Lakshman，"Afghanistan: Blood on the Tracks", Asia Times Online, November 30, 2005, http://www.atimes.com/atimes/Central_Asia/GK30Ag01.html; Sudha Ramachandran, "India Takes a Slow Road", Asia Times Online, January 27, 2007, http://www.atimes.com/atimes/South_Asia/IA27Df04.html; Scott Baldauf, "India-Pakistan Rivalry Reaches into Afghanistan", *Christian Science Monitor*, September 12, 2003; "Afghanistan Asked to Clamp Down Indian Consulates Interference in Balochistan", PakTribune, February 21, 2006, http://www.paktribune.com/news/index.shtml?134879; M. H. Ahsan, "'RAW Is Training 600 Baluchis in Afghanistan': Mushahid Hussain", Boloji.com, May 14, 2006, http://www.boloji.com/analysis2/0116.htm; Larry Hanauer and Peter Chalk, *India's and Pakistan's Strategies in Afghanistan: Implications for the United States and the Region*, RAND Report 2012; Sumit Ganguly and Nicholas Howenstein, "India-Pakistan Rivalry in Afghanistan", *Journal of International Affairs*, 63.1 (Fall 2009), p.128。

[2] 这次访问是印度政府首脑30年来第一次访问阿富汗。

易、防务、打击恐怖主义、南亚地区经济文化一体化等领域的合作。

第三，以务实态度应对阿富汗政局变化。

阿富汗战争期间，阿富汗局势主要有两大变化，一是美国提出撤军计划，二是阿富汗政治和解。

美国的撤军计划

2009年12月美国总统奥巴马在西点军校发表讲话，提出所谓"阿富巴"（Af-Pak）战略。其核心内容是两点：增兵，撤军。在塔利班力量迅速回升、阿富汗局势日趋动荡的情况下，美国政府的这个决定令新德里深感不安。印度主要有四个方面的担心：

● 塔利班重新执掌阿富汗政权，纯洁军等反印度的极端主义力量上升，危及印度安全。

● 卡尔扎伊政府还没有做好准备，巴基斯坦有可能重新主导阿富汗的政治生活。

● 印度独自面对阿富汗残局，在阿的各项战略计划得不到完成，援阿努力前功尽弃。

● 印度同阿富汗关系再度疏远。

因此，印度不希望美国完全撤军。它担心撤军造成的政治真空只会有利于巴基斯坦和极端主义力量，威胁印度的国家安全。印度前国家安全顾问布拉杰西·米希拉说，对美国撤军"真正的担心是这（政策）将让我们回到20世纪90年代"[1]。如前所述，90年代下半叶是印阿关系的低谷，是印度完全失去对阿富汗局势的影响力，甚至是靠边站的时期。

但奥巴马显然决心已定。在这种状况下，为了巩固印阿双

---

[1] Shathie Mariet D'Souza, "India's Evolving Policy Contours towards Post-2014 Afghanistan", *Journal of South Asia Development*, Vol. 8, Iss. 2 (2013), pp. 185-207.

边关系和既有成果，确保2014年以后在阿有立足之地，印度政府主要从两个方面着手调整对阿战略。

一方面，公开表明印度不会离开阿富汗。这是2009年年底和2010年全年印度外交声明中出现频率最高的一个话题。包括辛格总理在内的政府各级官员都表示印度要"留在阿富汗"；强调确保阿富汗的民主体制是印度的核心利益所在。印度还警告美国和国际社会，如果听任巴基斯坦对阿最终局势拥有决定权，那么"阿富巴战略"将不可能成功。①

另一方面，设法巩固和提升同阿富汗的双边关系。印度明确把深化印阿联系作为战略目标，声称任何暴力袭击或外交压力都不能动摇这一目标。2011年的《战略伙伴关系协定》正式确立了双边政治安全合作机制，极大拓展了两国关系的范围，原先集中于社会经济文化教育等领域的合作扩大到军事安全和国际关系领域。双方同意在重大的地区和国际事务上协调立场和努力。阿承诺支持印度谋求联合国安理会常任理事国席位的努力。印度则决心在培训、装备和能力建设方面，支持阿国家安全力量的建设。②

虽然印阿《战略伙伴关系协定》文本声明协定不针对第三国，协定签订以后印阿两国也多次表明印阿战略伙伴关系不指向任何第三国，只是印度对阿富汗的支持。但还是引起巴基斯

---

① 相关报道随处可见。比如 Indrani Bagchi, "India to Stay in Kabul: PM to Tell Obama", April 11, 2010, http://timesofindia.indiatimes.com/india/India-to-stay-in-Kabul-PM-to-tell-Obama/articleshow/5782686.cms; James Lamont and David Pilling, "India Renews Vow to Stay in Afghanistan", March 7, 2010, http://www.ft.com/cms/s/0/8457ffce-2a13-11df-b940-00144feabdc0.html#axzz4GuonCuOZ。

② *Agreement on Strategic Partnership between the Islamic Republic of Afghanistan and the Republic of India*, http://mfa.gov.af/Content/files/Agreement%20on%20Strategic%20Partnership%20between%20Afghanistan%20and%20India%20-%20English.pdf.

坦的强烈谴责。协定签字后，巴总统穆沙拉夫立即谴责它是"反巴基斯坦的协定"①。针对巴基斯坦的担心和指责，卡尔扎伊有一个十分著名的回应。他对媒体说：巴基斯坦是我们的孪生兄弟，印度是伟大的朋友；我们同朋友签订的协定将不会影响到我们的兄弟。

阿富汗政治和解

政治和解是阿富汗问题的关键症结所在。相关各方在2004年塔利班东山再起之后逐渐认识到这一点。基于同塔利班政权、穆斯林激进武装力量之间的不愉快经历，印度起初坚决反对阿富汗政治和解。但随着阿实际局势的变化，印度的立场开始缓和。2009年9月印度外交部部长克里希那在纽约接受记者采访时表示，印度"认为战争不能解决全部问题，阿富汗也不例外"。但2010年秋天美国与塔利班秘密接触的消息传出后，印度还持保留意见。

真正的转变出现在2011年5月印度总理辛格访问喀布尔期间。他在阿富汗议会表示，支持喀布尔的和解决定，支持由阿富汗主导的和谈进程，与塔利班实现和解。称"只要不涉及塔利班分享权力的问题，印度将不反对和解进程"②。显然，印度担心分权将导致塔利班掌控喀布尔，进而令巴基斯坦占上风。

当前，印度在阿富汗政治和解问题上依然坚持三个原则③：

---

① Saurav Jha, "India Ready to Stay the Course in Afghanistan", Oct. 13, 2011, http：//www.worldpoliticsreview.com/articles/10328/india-ready-to-stay-the-course-in-afghanistan.

② IANS, "India Ok with Reconciliation with Taliban, Opposes Power-sharing", May 24, 2011, http：//www.theindian.com/newsportal/world-news/india0ok0with-reconciliation-with-taliban-opposes-power-sharing_100538091.html.

③ Elizabeth Roche, "India Quiet Amid Reports of Afghan, Taliban Talks", *Tribune Business News* (Washington), Oct. 7, 2010. M. K. Bhadrakumar, "Delhi Resets Its Afghan Policy", July 5, 2013, http：//indrus.in/blogs/2013/07/04/delhi_resets_its_afghan_policy_26779.html.

● 和谈的同时不能停止或者减弱反恐斗争。和谈要遵守国际社会公认的"红线",即塔利班切断同基地组织的联系,放下武器和放弃暴力恐怖活动,承认并遵守阿富汗宪法。

● 国际社会要继续帮助阿富汗。实现发展援助和安全的长期化。

● 支持"阿富汗人主导、阿富汗人所有的"民族和解进程。

与此同时,印度调整政策,积极同阿富汗各派政治力量接触,不再局限于喀布尔政府和北方联盟等传统盟友。据媒体报道,印度尝试接近普什图军阀古尔布丁·希克马蒂亚尔的伊斯兰党(Hezb‐e‐Islami),试图同阿富汗南部普什图部落年轻一代领导人建立联系,只是成效目前还不明显。

第四,设法保存既有政治资产。

并非只有巴基斯坦才在阿富汗拥有政治资产。印度也有,一是北方联盟旧部,一是卡尔扎伊政府。

在外国军队撤离、塔利班势头日高、喀布尔政权前途难卜的情况下,阿富汗国内敌视塔利班的塔吉克人对印度具有战略意义。印度有人建议政府继续支持阿北部地区的盟友,以应对塔利班可能的回归和巴在阿富汗对印度利益的袭击。认为如果巴基斯坦及其代理人对印度再行侵犯,印度也可让自己的代理人施行报复。[①] 这绝非无稽之谈。2009 年以来巴多次谴责的"印度塔利班",即为混迹于巴基斯坦塔利班中的印度代理人。

2011 年印阿战略伙伴关系协定是阿富汗新政府签署的第一个类似协定,为印度影响力提供了保障和合法性,是印阿关系发展的里程碑。根据协定,新德里每年在国内帮助阿富汗培养

---

① 转引自 Larry Hanauer and Peter Chalk, *India's and Pakistan's Strategies in Afghanistan: Implications for the United States and the Region*, RAND Report 2012, pp. 14 – 15。

600 名军官，同时扩大在阿富汗当地的武装力量（国民军队和警察部队基层官兵）的培训。协定没有提及印度在阿富汗驻扎战斗部队。

近 3 年来，印度培训阿富汗军官的规模急剧扩大，2012 年为 574 人，2013 年超过 1000 人。① 历史未见得总是简单重复，但历史的一个教训是，苏联对阿影响力的急速发展，正始于 1950 年的军事合作协定；受苏联培训的军官是 1978 年四月革命的主力，革命之后阿富汗建立了人民民主党政权。

2. 积极参与阿富汗重建，扩大影响力

印度对阿富汗战后重建的支持是全方位的，不是简单的资金或者项目援助，而是定位为"发展伙伴"，包括优惠贸易协定、国家行政管理和能力建设、人力资源和矿产资源开发等。与其他国家相比，印度援阿方式的突出特点是：依靠阿政府管理体系，实现与地方需求的对接；强调地方参与和能力建设。印度援助项目包含培养阿政府体系和相关地方的建设/治理能力②。其他大多数国家在阿富汗的援助行动主要由自己的机构和人员实施，在阿政府结构体系之外独立完成项目，对阿政府及其人员的能力建设鲜有贡献。

从金额来说，印度是阿富汗第五大双边援助国，仅次于美国、日本、英国和德国等发达国家。2002—2014 年，印度对阿援助总额达 20 亿美元，其中 12.29 亿美元用于发展项目投资③。比金钱数额更加重要的是，印度对阿重建援助渗透在社会生活

---

① Gareth Price, *India's Policy towards Afghanistan*, Chatham House, August 2013, p. 6.

② Shathie Mariet D'Souza, "India's Evolving Policy Contours towards Post – 2014 Afghanistan", *Journal of South Asia Development*, Vol. 8, Iss. 2 (2013), pp. 185 – 207.

③ http：//www.vifindia.org/sites/default/files/Toward%20a%20Stable%20Afghanistan.pdf.

的每个角落，切实落在老百姓的身上。总体而言，印度援阿诸多项目中，除了 2009 年决定投资 71 亿卢比（约合 1.15 亿美元）修建的阿富汗议会大厦工程具有"地标"意义和效果外，其他绝大多数项目都朴实无华，没有华丽的外表，也没有一掷千金的豪气，但却藏巧于拙，取得了很好的战略效果，赢得了民心。

印度对阿富汗援助资金从大到小依次分布在以下领域：人道主义、大中型基础设施工程、教育和能力开发建设、以社区／乡村为基础的小型发展项目等。

双边商业贸易和经济合作

通过商业贸易加深两国纽带、带动阿富汗经济成长，是印度对阿政策的重要内容。2003 年两国签订《最惠贸易协定》，降低阿干果类 38 种主要商品的关税，降幅达到 50%—100%。之后 5 年，阿富汗对印度出口额增长 7 倍。2011 年，印度市场完全对阿产品开放，除酒精饮品和烟草以外，其他所有产品的关税一律免除。[①] 2007 年，印阿双边贸易额为 3.58 亿美元，2011 年增至 6 亿美元，2013—2014 年为 6.8 亿美元，据估计印阿双边贸易的潜力可达 30 亿美元[②]。

目前印度对阿投资主要来自政府和国营企业，但新德里正鼓励私人资本参与。现在已有 100 多家印度公司在阿富汗投资，建立了大约 80 家印度—阿富汗合资企业，注册资金总额

---

① Embassy of India, Kabul, "India – Afghanistan Relations", http：//eoi. gov. in/kabul/？0354？000.

② Jayshree Bjoria, "India – Afghanistan Relations", July 22, 2009, http：//www. cfr. org/india/india – afghanistan – relations/p17474. M. Ashraf Haidari, "India and Afghanistan: A Growing Parternership", Sept. 16, 2015, http：//thediplomat. com/2015/09/india – and – afghanistan – a – growing – partnership/. Zahid Shahab Ahmed, "Conflict or Cooperation？ The Role of India and Pakistan in Post 2014 Afghanistan", *South Asian Studies*, Vol. 30, No. 1（Jan – June 2015）, pp. 273 – 290.

为2000万美元。2009年，在阿富汗参加重建的印度员工约4000人。①

在两国外交部门的帮助和支持下，印度和阿富汗的全国、地方各级工商业联合会之间密切交往，两国商会已经签署了5个有关商业和医疗合作的备忘录，正在讨论中的备忘录有20多个。印度投资者已经进入阿富汗矿产、农业、信息技术、通信等行业。阿富汗政府也积极鼓励印度资本进入基础设施和矿产资源部门。

大中型基础设施项目

大中型基础设施项目，包括道路、电力、通信和电视网工程的建设与修复，具有重要的战略意义。印度帮助修复环阿富汗公路网，在阿富汗腹地修建铁路，通过公路和铁路连通阿富汗、伊朗和中亚，把阿富汗纳入印度的"连通中亚"方案。这个方案与美国的"新丝绸之路"计划有交叉但不完全相同。印度的计划是，借助伊朗的查巴哈尔港口，经过伊朗—阿富汗，连通中亚，在中亚—阿富汗—印度之间搭建起一条快捷的、政治成本更低的通道。

2005年启动的扎兰季到迪拉腊姆高速公路工程，在2009年1月已经建成。高速公路位于尼姆鲁兹省，从阿富汗—伊朗边境城市扎兰季到省会城市迪拉腊姆，全长218公里，总投资60亿卢比。这条高速公路又称为606号公路（Route 606），其价值不仅在于把两个城市之间的距离从12—14小时车程缩短到2个多小时，使两地之间的商品流通成本大大降低，更在于它深远的地缘政治战略意义：扎兰季往南通过铁路直接连通伊朗东南部暖水港查巴哈尔，通过迪拉腊姆并入环阿富汗公路网，进而连

---

① Jayshree Bjoria, "India – Afghanistan Relations", July 22, 2009, http://www.cfr.org/india/india – afghanistan – relations/p17474. Delhi Investment Summit on Afghanistan, "Economic Links between India and Afghanistan", http://dsafghan.in/pdf/india – Afghanistan.pdf.

通塔吉克斯坦和土库曼斯坦。由此将削弱阿富汗对巴基斯坦出海口的依赖，为中亚国家提供一个新的出海口，同时真实地把印度、伊朗、阿富汗同中亚连接起来，增强印度对阿富汗的影响力。

公路铁路是阿富汗经济发展所必需的基础设施，印度的收益则包含经济和形象两个方面。道路交通设施有助于印度更便捷安全地获取中亚和阿富汗的资源和市场①。

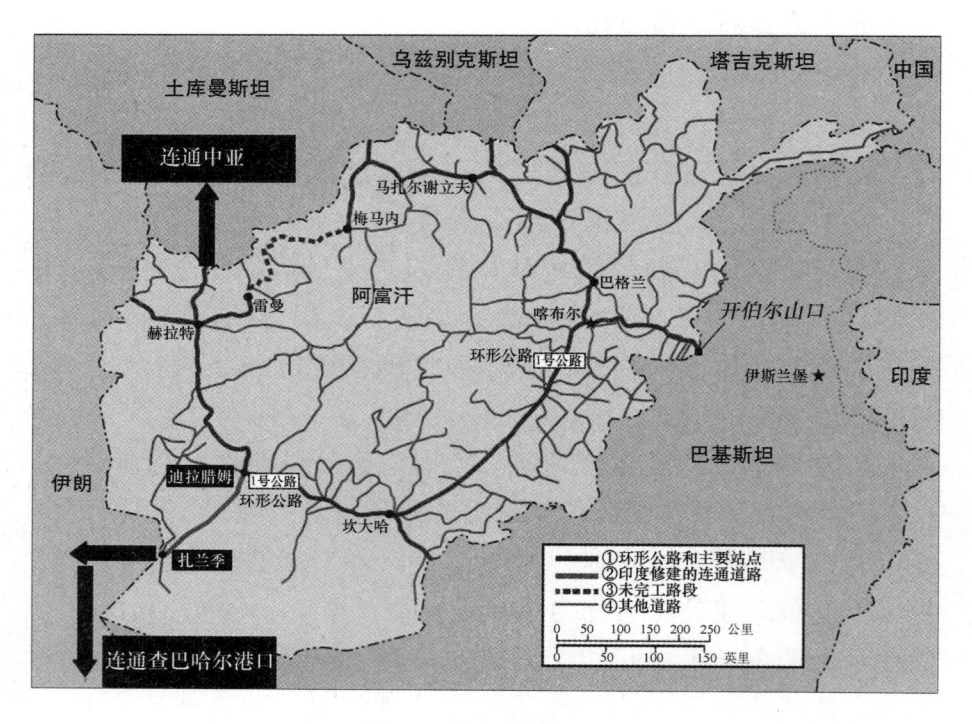

图7 阿富汗公路路线

---

① David Piper, "The 'Great Game' of Influence in Afghanistan Continues but with Different Player", Fox News, June 9, 2012, http://www.foxnews.com/world/2012/06/09/great-game-influence-in-afghanistan-continues-but-with-different-players/.

2012 年，印度获得哈吉噶克铁矿（探明储量为 18 亿吨）的开采权，未来 30 年内将投资 107 亿美元用于采矿和冶金建设。① 为把矿石和钢铁运回印度，它正加快建设从哈吉噶克到扎兰季的铁路。这将改变阿富汗的交通史，因为除了北部地区有苏联时期所修一小段铁路连通马扎尔谢立夫和北部边境之外，阿富汗还没有进入铁路运输时代。

印度在赫拉特省改扩建的萨尔玛大坝也是引人瞩目的大型基础设施建设项目。该水坝始建于 20 世纪 70 年代初，后多次试图重建，但都因为各种不利因素而作罢，可谓阿富汗政府的老大难工程。2005 年，印度决定帮助扩建这个位于哈里河的水坝。工程投资 3 亿美元，设计储水能力为 6.4 亿立方米，总装机容量为 42 兆瓦（3 台 14 兆瓦发电机组），可同时浇灌 8 万公顷农地。建设工程于 2005 年动工，包括 143 公里、532 座塔的输变电网络，最终于 2016 年 5 月完成。2015 年，阿政府把这个大坝更名为"阿富汗—印度友谊水坝"②。

除了战略性基础设施以外，印度还援建了同百姓生活息息相关的一些基础设施。比如修建连接喀布尔和北部地区的输变电线网络；重建 11 个省的电话通信基础设施；把阿国家电视网络从喀布尔上传卫星，并在 34 个省会城市落地连通等。

---

① Bhashyam Kasturi, "India's Role in Afghanistan", State of Pakistan, web log, February 20, 2012, http：//www. stateofpakistan. org/indias - role - in - afghanistan, Nitin Gokhale, "Reviewing India - Afghanistan Partnership", Vivekananda International Foundation, Nov. 17, 2012, http：// www. vifindia. org/article/2012/november/17/reviewing - india - afghanistan - partnership.

② "Afghanistan Renames Salma Dam to Afghan - India Friendship Dam", KHAAMA Press, Aug. 27, 2015. http：//www. khaama. com/af- ghanisan - renames - salma - dam - to - afghan - india - friendship - dam - 9609.

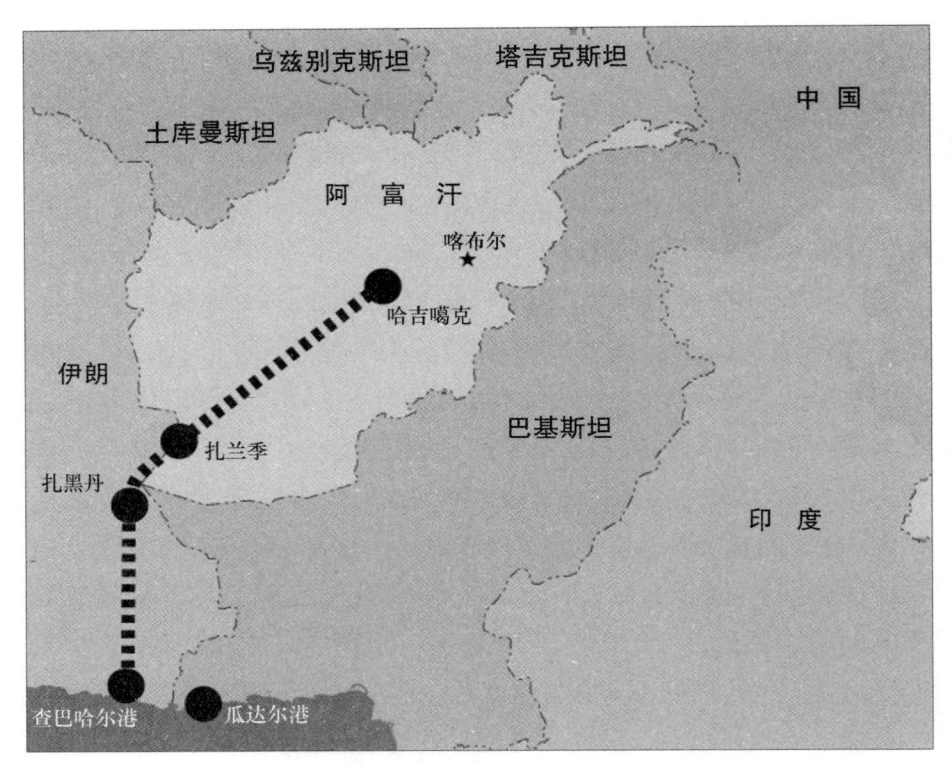

图 8　哈吉噶克铁矿的出海路线①

人道主义援助和小型发展项目

民心是印度援助阿富汗的主要着眼点。这主要通过若干人道主义和发展援助来实现，具体表现为小型发展项目（SDP），分布在农业、农村发展、教育、医疗、职业培训等领域。按照规划，SDP 分三个阶段，目前已经完成两个阶段的计划，总投资 2000 万美元，包含 132 个项目。2012 年 11 月卡尔扎伊访问印度时签署了 SDP 第三阶段计划执行备忘录，两国计划将增加 1

---

① 从图中可以清楚看到查巴哈尔港口与瓜达尔港口的地理位置关系，两者相距 75 公里。这可以看出印度积极投资扩建查巴哈尔并与伊朗联合开发阿富汗—中亚交通基础设施网络的另一个战略目的。

亿美元投资，启动287个项目建设。①

根据印度外交部的报告，印度对阿民生和人道主义援助涉及文教卫生等各个方面，其中包括②：

● 中小学食品项目。从2003年开始。每天给喀布尔之外其他各地总计约200万名孩子每人提供100克高蛋白质饼干，帮助增强他们的体质，提高学校的出勤率。

● 2009年1月宣布提供25万吨小麦，帮助阿富汗渡过粮食危机。

● 免费医药援助。阿富汗医疗资源奇缺。2001年美国发动阿富汗战争之初，印度向喀布尔派出首支医疗队，实施战地救援。2002年开始，印度同时向喀布尔、赫拉特、贾拉拉巴德、坎大哈和马扎尔谢立夫派遣5个医疗团队，已成为援阿定制，由此确保每个月诊治3万民众，为他们免费手术和发药。每年接受这一援助的阿富汗人大约在36万左右。印度还在巴达赫尚、巴尔赫、坎大哈、霍斯特、库纳尔、楠格哈尔、尼姆鲁兹、努里斯坦、帕克蒂亚、帕克蒂卡等边境地区修建了一批医务所，帮助当地民众。

● 在喀布尔重建和扩建英迪拉·甘地儿童医院（IGICH）。这是阿唯一的儿童医院。2003年开始修复扩建，印度提供了全套医疗设备。医院的医护人员在印度接受培训。

● 赠送运输工具。其中400辆大巴车和200辆中巴车用于改善城市公共交通；105辆多功能车给各市政府使用；285辆军车给阿国家军队使用；10辆救护车给5座城市的公立医院使用。

---

① Embassy of India, Kabul, "Development Partnership", http：//eoi. gov. in/kabul/？0707？000.

② Ministry of External Affairs of India, *India and Afghanistan: A Development Partnership*, 2009, p. 9, http：//www. mea. gov. in/Uploads/PublicationDocs/176_india-and-afghanistan-a-development-partnership. pdf.

- 在喀布尔等地建造公共厕所和洗浴设施。
- 在19个省的84个小村庄帮助改善农民的衣食住行和教育。其中包括34个小诊所、469口饮用水井、若干净水输水管道、52所学校，等等。

能力建设和人文交流

能力建设是印度援助阿富汗的重点，主要包括职业培训、人力资源开发、青年培养（留学奖学金）、人文交流等内容。

青年奖学金项目。隶属于外交部的印度文化关系理事会（ICCR）负责"特殊奖学金项目"，每年给阿富汗年轻人提供500名到印度读研究生、1000名本科生长期奖学金名额。为了简便手续，2014年6月30日，印度宣布对阿富汗国民放宽签证政策，签证有效期限为两年。同时，为了确保ICCR奖学金项目的覆盖面，两国政府同意在阿全国公开选拔的前提下，给34个省同等保留6个名额，用于特别照顾边远地区的年轻人。2002—2014年年底，已有1万多名阿富汗学生受惠于ICCR奖学金项目，另有大约8000名阿富汗学生自费在印度的大学校园学习。目前已有大约7000人完成大学或者研究生学习后回国，投身于阿富汗各行各业[1]。

职业培训。印度参加了联合国开发署的"阿富汗公共行政能力"（CAP）项目，还启动了一系列双边项目。它每年派遣20名印度公务员到阿培训和指导阿政府官员；每年给阿政府提供500人次的短期和中期行政管理培训项目。

人力资源开发。印度建立了"印度—阿富汗职业培训中心"，帮助阿年轻木匠、管道工、焊接工、石工和裁缝等，到印度接受培训和指导。由印度著名的NGO"自我就业妇女协会"

---

[1] M. Ashraf Haidari, "India and Afghanistan: A Growing Parternership", Sept. 16, 2015, http://thediplomat.com/2015/09/india-and-afghanistan-a-growing-partnership/.

（SEWA）负责的"女性职业培训中心"则专门培训阿富汗女性，尤其是战争遗孀和遗孤，教给她们服装设计和裁剪缝制、护士、食品加工、经商的技能等。毫无疑问，这些人将成为印度—阿富汗友好关系的基石。

此外，印阿之间还启动了两国城市之间的"友好城市"建设。目前已经结成友好城市关系的城市包括：新德里与喀布尔、孟买与坎大哈、阿杰梅尔夏里夫（拉贾斯坦邦）与赫拉特、海德拉巴德与贾拉拉巴德、艾哈迈达巴德（古吉拉特邦）与阿萨达巴德（库纳尔省）等，阿萨姆邦同赫尔曼德省之间也建立了友好关系①。

总之，通过上述春风化雨般细致而全覆盖的援建机制，印度卓有成效地扩大了在阿富汗的软实力，赢得良好声誉。阿富汗民众普遍称赞印度的援助，阿政府官员和媒体将其奉为国际社会对阿发展援助的典范。

3. 谋求以地区方式解决阿富汗问题

迄今为止，印度在阿富汗政治领域的现实影响力相对巴基斯坦而言并不占明显优势。为了牵制和淡化巴基斯坦的影响力，印度大力主张以地区和多边机制解决阿富汗问题。为此进行了三大努力：

首先，设法让阿富汗进入印度主导的南亚区域合作机制。2005年印度邀请阿富汗加入南亚区域合作联盟（SAARC），这是南亚唯一的地区性组织。作为地区性组织，它在发展经济贸易合作方面徒有其表，但它是印度展现软实力的重要平台。印度总是利用SAARC峰会机制宣传自己的理念，敲打巴基斯坦，让其他小伙伴背书印度的主张。2007年4月初南亚区域合作联

---

① M. Ashraf Haidari, "India and Afghanistan: A Growing Parternership", Sept. 16, 2015, http://thediplomat.com/2015/09/india-and-afghanistan-a-growing-partnership/.

盟新德里峰会上，阿富汗正式被接纳为南盟的第八个成员国。

其次，努力打造阿富汗作为南亚—中亚桥梁的形象。2000年，印度启动覆盖中亚的"国际南北交通走廊"（INSTC），前述扎兰季—迪拉腊姆公路是其中一段[1]。阿富汗加入 SAARC 之后，印度政府表示，"这标志着 SAARC 的西部边界扩展到伊朗和中亚。由此，阿富汗再次成为中亚和南亚的交叉路口，把该地区各国链接为一个贸易、运输和能源轮毂。……印度将和阿富汗携手并肩，与我们的邻居们一道消除贸易和运输壁垒，促进货物、资本、人员的自由流通，促成无拘无束的、建设性的地区关系"[2]。

把阿富汗建设成为中亚—南亚的桥梁，实际上是在按印度的地区战略愿景塑造阿富汗的角色。然而，巴基斯坦是印度往北直接连通阿富汗和中亚的天然屏障。鉴于印巴之间的对抗在短期内难以改变，所以伊朗通道就成为印度北上连接阿富汗、通往中亚的几乎唯一选择。2003 年，阿富汗、印度、伊朗签订了有关共同开发伊朗查巴哈尔港口的协定。计划通过查巴哈尔港，经伊朗东部的锡斯坦—俾路支斯坦和呼罗珊省，穿过边境连接扎兰季—迪拉腊姆高速公路和环阿富汗公路，最后到达塔吉克斯坦南部的戈尔诺—巴达赫尚省。由此完成印度、伊朗、阿富汗、塔吉克斯坦（中亚）的道路联通。

阿富汗对查巴哈尔港口的热情可以追溯到 20 世纪 50 年代。1955 年巴阿边境冲突、巴基斯坦封堵阿富汗进出口通道时，阿政府没有立即向苏联求救，而是首先找到伊朗协商，讨论用查

---

[1] Gareth Price, *India's Policy towards Afghanistan*, Chatham House, August 2013, p.6.

[2] Ministry of External Affairs of India, *India and Afghanistan: A Development Partnership*, 2009, p.6, http://www.mea.gov.in/Uploads/PublicationDocs/176_india-and-afghanistan-a-development-partnership.pdf.

巴哈尔替代卡拉奇通道的可能性。① 但当时查巴哈尔通往伊阿边境的道路状况十分不好，要修建这条3600英里的公路线所需资金和时间成本都极高，不能解救阿富汗的燃眉之急。于是阿只能作罢，转向苏联。

再次，积极参与和创立多边机制，帮助阿富汗实现和平发展。除了参加援助阿富汗重建的东京会议机制以外，2012年6月，印度发起了援助阿富汗的"'阿富汗投资'新德里峰会"，来自33个国家的500多名公司和个人代表参加。在"亚洲之心"进程框架内，印度参加了"信任培育措施"（CBMs）全部小组，还担任贸易通商和投资CBMs的领导国。印度还分别与美国、伊朗合作，建立了两个活跃的三边机制，即印度—阿富汗—美国、印度—阿富汗—伊朗三边会议，讨论阿富汗的和平与发展问题。

值得一提的是，印度版本的中南亚经济一体化构想与美国的"新丝绸之路"战略有部分重叠，但两国的议程和途径不尽相同。最大的区别是，美国主要试图说服国际私人资本来落实"新丝绸之路"计划，并设法遏制伊朗的地区影响力；而印度则以国有资本为先锋，并试图联手伊朗，利用伊朗的各种资源，平衡巴基斯坦的影响力，连接中亚地区。

中国在世界经济舞台的崛起，在一定程度上推动了美国与印度版本的中南亚地区一体化战略的融合。一方面，印度通过其双边外交努力，稳步进入中亚，分别与土库曼斯坦、乌兹别克斯坦、哈萨克斯坦、塔吉克斯坦等国签署战略伙伴关系协定。另一方面，美国对印度经过伊朗北上的战略，采取了最大限度的宽容和支持。

过去几年，美国对印度—伊朗关系的自相矛盾的态度耐人寻味。它在设法阻止印度参加伊朗输出天然气的管线计划

---

① R. K. Ramazani, "Afghanistan and the USSR", *Middle East Journal*, Vol. 12, No. 2 (Spring 1958), pp. 114–152.

(IPI）的同时，对印度开发查巴哈尔港视若不见。其实关键在于，IPI 项目不能给美国带来任何收益，反而会破坏它制裁伊朗的战略；但查巴哈尔港口连接中南亚交通网，且离巴基斯坦的瓜达尔港只有 75 公里，有利于美国的地区甚至全球战略利益，华盛顿自然乐见其成。

印度在联合伊朗开发查巴哈尔港口方面的努力，正呈现出受中国影响的迹象。早在 2003 年，伊朗政府就邀请印度参与开发查巴哈尔，但 2013 年之前，印度政府对此似乎并不热心，有限的一些努力主要是公司企业行为，不是政府行为。但中巴经济走廊（CPEC）问世以后，印度对查巴哈尔的热情明显提升，速度明显加快。2013 年 12 月印伊两国签订新的共同开发协定。2014 年 10 月，印度从财政经费中拨出 8500 万美元用于该项目的建设。2015 年 3 月，两国政府签署谅解备忘录，印度承诺将追加 1.1 亿美元投资，开发查巴哈尔。2016 年 5 月，印度总理莫迪访问德黑兰期间，两国签署共同开发查巴哈尔协定，印度承诺投资 5 亿美元。[①]

阿富汗政府也乐于接受和适应印度积极为阿打造的"亚洲心脏、中亚—南亚桥梁"的新角色，借助各种地区一体化机制，提升阿富汗的国际地位，以弥补美国撤军带来的援助减少的状况。作为对印度帮助的回报，同时也是为了真正发挥自己的桥梁作用，阿富汗尽力推动印度加入巴阿过境贸易协定。当然，

[①] C. Raja Mohan, "Iran and India's Road to Afghanistan", Oct. 20, 2014, http：//indianexpress. com/article/opinion/columns/iran – and – indias – road – to – afghanistan/. Ashok K. Behuria and M. Mahtab Alam Rizvi, "India's Renewed Interest in Chabahar：Need to Stay the Course", May 13, 2015, http：//www. idsa. in/issuebrief/IndiasRenewedInterestinChabahar _ BehuriaRizvi_ 130515. BBC News, "India and Iran Sign Historic Chabahar Port Deal", May 23, 2016, http：//www. bbc. com/news/world – asia – india – 36356163.

在印巴两国关系没有实现正常化以前，这一点并不容易。但 2008 年 5 月，印度和巴基斯坦都加入了美国和俄罗斯大力推动的 TAPI 项目，2016 年两国同时加入上海合作组织。在可预见的将来，能否通过多边机制确保阿富汗稳定、缓和印巴之间的关系、推动南亚地区国际关系的革命性变化，还需要拭目以待。

第四节 伊朗

伊朗和阿富汗有 936 公里的共同边境线，两国关系久远、密切而复杂，体现在政治、历史、文化、族群、经济、政治生活和宗教信仰等各方面。阿契美尼德王朝时期，阿富汗是波斯帝国的一部分，赫拉特曾是 15 世纪波斯帝国首都，历史上大部分时间是伊朗的一个"内在部分"。[①] 1747 年，阿富汗脱离波斯王朝建立独立王国。直到 19 世纪晚期，衰落的波斯才在英国的逼迫下放弃对赫拉特等地区的领土要求。波斯文化的痕迹在阿富汗随处可见，阿富汗国语之一的达里语是波斯语的一种方言。

1978 年以前，美国对阿富汗没有兴趣，十分重视伊朗，当时伊朗是美国在波斯湾的桥头堡。伊朗伊斯兰革命以后，霍梅尼既反美，同时又支持阿富汗抗苏战争，大力输出伊斯兰革命。1979—1986 年，阿富汗出现了九大什叶派反苏力量，其中 8 个是在伊朗成立的，得到伊朗政府的全方位支持。苏联撤军以后，伊朗为阿富汗什叶派争得进入过渡政府的权利。1992 年 7 月，伊朗推动建立的阿富汗什叶派政党"伊斯兰团结党"（Hizb-e-Wahdat）被纳入新政权。

阿富汗内战期间，伊朗主要支持什叶派武装力量，同时接触

---

① 这是伊朗前总统拉夫桑贾尼所说。转引自 Mohsen M. Milani, "Iran's Policy towards Afghanistan", *Middle East Policy*, Vol. 60, No. 2 (spring 2006), p. 252。

个别普什图武装力量，包括希克马蒂亚尔领导的伊斯兰党。伊朗还曾与塔利班有接触①。1996年塔利班上台，实行镇压和迫害什叶派穆斯林的政策，伊阿关系恶化。1997年两国政权中止外交关系，伊朗支持反塔利班的北方联盟。与此同时，伊朗还参与国际社会调停阿富汗内战的和平与对话努力。除了参与联合国发起的"日内瓦倡议"和乌兹别克斯坦发起的6+2会议机制②以外，1999年德黑兰发起了"塞浦路斯进程"，推动阿富汗政治和解。

2001年10月，伊朗给美国在阿富汗的战争提供政治、情报和后勤支持。美国运输机获准使用伊朗东部的机场。塔利班政权被推翻以后，伊朗积极参加阿富汗和平进程。德黑兰说服北方联盟加入卡尔扎伊领导的联合政府，为波恩会议的成功做出了重要贡献。2010年卡尔扎伊明确表示，"如果没有伊朗在场，阿富汗政府将不会成功"③。

伊朗还是过去几十年阿富汗人躲避战祸的首选地之一。1991—1992年，生活在伊朗的阿富汗人超过300万④，分布在

---

① P. Marsden, *The Taliban: War, Religion and the New Order in Afghanistan*, Karachi: Oxford University Press 1998, p. 144.

② 1997年乌兹别克斯坦发起，由阿富汗的六个邻国（中国、巴基斯坦、伊朗、土库曼斯坦、乌兹别克斯坦和塔吉克斯坦）加上俄罗斯、美国组成。1999年7月，6+2会议机制发布《塔什干宣言》，八国一致同意，不给阿富汗冲突各方提供军事援助，并禁止其他力量利用签字国领土对阿富汗任何一方提供军事援助，以期早日结束阿国内的敌对冲突。内容详见http://www.incore.ulst.ac.uk/services/cds/agreements/pdf/taj15.pdf。

③ Asad Farhad and Amir Bagherpour, "The Iranian Influence in Afghanistan", Aug. 9, 2010, http://www.pbs.org/wgbh/pages/frontline/tehranbureau/2010/08/the-iranianinfluence-in-afghanistan.html.

④ Bruce Koepke, *Iran's Policy on Afghanistan*, Sockholm International Peace Research Institute, 2013, p. 4.

经济领域的各个部门，特别是建筑、农业、服务等行业。伊朗经济对阿富汗劳工的依赖性随之增强。时至今日，100多万阿富汗人在伊朗工作，他们汇往阿富汗老家的资金，是伊阿经济纽带的重要一环。

在重建方面，2002年东京会议上，伊朗承诺每年提供5000万美元用于阿富汗重建。2002—2007年，伊朗给阿富汗提供了总计5.6亿美元的援助①。2009年，美国承认伊朗作为阿富汗问题地区大国的地位。

一　伊朗在阿富汗的目标

理解伊朗在阿富汗的利益目标和战略，除上述历史、地理和文化纽带外，还有四个重要背景：

● 伊朗有大约150万登记在册的阿富汗难民，未登记在册的阿难民数量在200万以上。

● 伊朗是全世界什叶派的中心，其国内8%—9%的人口为逊尼派穆斯林。阿富汗穆斯林15%—29%是什叶派，其中绝大多数为非普什图人。

● 塔利班在意识形态方面亲近沙特阿拉伯。阿富汗武装分子同伊朗俾路支地区的逊尼派穆斯林武装之间关系密切，其中包括真主军（Jundullah）。

● 后霍梅尼时代，伊朗外交政策日趋务实、温和。但是，伊朗同美国、巴基斯坦和沙特阿拉伯等在阿富汗政治中举足轻重的国家之间的关系，都不太友好，甚至长期冲突和对立。

这些因素决定了伊朗在阿富汗谋求的利益目标包括地缘政治、意识形态和经济利益，也决定了它对阿富汗采取的战略和政策。

---

① Bruce Koepke, *Iran's Policy on Afghanistan*, Sockholm International Peace Research Institute, 2013, p. 11.

1. 推动阿富汗和平稳定,确保伊朗国家安全

由于领土直接相连,阿富汗政治动荡综合征的主要内容,包括暴力恐怖袭击和内战、逊尼派激进极端武装、毒品走私、难民潮以及美国驻军等,都是伊朗国家安全的现实威胁。

伊朗的首要目标是帮助阿富汗实现和平稳定。为此,它在政治、经济等方面大力支持卡尔扎伊政权。它还积极参与国际机制支持阿富汗和解与重建,在联合国和其他国际平台上反复强调加强反毒品走私的国际合作,通过伊阿双边和伊朗—阿富汗—巴基斯坦三边机制处理难民问题。

阿富汗战争之初,为了推翻塔利班政权,削弱基地组织的影响,伊朗积极同美国合作。但是,西方(尤其是美国和英国)大批军队长期驻扎阿富汗,并不符合伊朗的利益。2007年以后,伊朗一再要求西方撤军。不过,在战术层面,塔利班同美国的冲突,客观上增强了伊朗对美的对冲能力。

2. 保护在阿富汗的重大利益,增强对阿影响力

基于历史记忆、意识形态以及地缘政治经济,伊朗在阿富汗的重大利益主要有三点:

● 喀布尔政权不被反伊朗力量控制。反伊朗力量包括美国、塔利班或沙特阿拉伯等。

● 阿富汗什叶派穆斯林的安全。伊朗一直自认为是"阿富汗什叶派安全的担保人",坚持这是"不可谈判的利益"。①

● 在阿富汗西部地区的投资利益和传统优势。

在同美国、沙特阿拉伯交恶的情况下,伊朗主要通过发展同阿富汗的双边关系,在政府和民间两个层面直接接触阿富汗,

---

① Harsh V. Pant, "Pakistan and Iran's Dysfunctional Relationship", *Middle East Quarterly*, 16.2, Spring 2009, pp. 43 – 50. Sumitha Narayanan Kutty, "Iran and Afghanistan: the Urgent Need for Inclusive Regional Diplomacy", *Asia Policy*, January 2014, http://www.nbr.org/publications/element.aspx?id=723.

来保护自己的利益。它通过接纳难民、援助阿富汗建设、资助阿富汗媒体和代理人、提供出海口、发展双边贸易等多种方式,巩固伊阿关系。

伊朗在阿富汗的影响力同其地缘政治实力密切相关。为此伊朗设法加强同阿富汗的政治经济联系,培育在阿富汗内部的战略支撑点。

3. 加强地区合作,对冲美国制裁

在打击毒品犯罪、推动阿富汗和解与重建方面,伊朗积极参加小多边和地区合作机制,包括伊朗—阿富汗—巴基斯坦、伊朗—阿富汗—塔吉克斯坦等三边机制,亚洲之心—伊斯坦布尔进程,以及波恩会议、东京会议等国际机制。

阿富汗战争以及伊阿纽带是伊朗对冲美国制裁的重要手段。德黑兰利用美国的阿富汗困境及其对印度的倚重,充分发挥自己的资源优势,强化同印度的友好合作,推进地区一体化,谋取同美国讨价还价的砝码。目前,通过以查巴哈尔港口为终端的基础设施网络建设,伊朗正从"美国制裁"这件紧身衣上打开缺口。

二 伊朗在阿富汗的战略及成效

基于历史教训,伊朗不谋求控制喀布尔政权[①],这是它与巴基斯坦的最大区别。伊阿之间没有领土纠纷,虽然在赫尔曼德河河水使用和难民遣返问题上有矛盾,但与巴阿之间的杜兰线冲突不可同日而语。2001年后,伊朗境内没有塔利班和基地组织的"安全天堂"。因此可以说,伊朗同阿富汗现政权之间不存在原生的、难以克服的障碍。

---

① Nikolai Bobkin, "Afghanistan in the Strategic Plans of Iran", http://www.strategic-culture.org/news/2013/12/12/afghanistan-in-the-strategic-plans-of-iran.html.

美国制裁及其驻军，既是伊朗在阿富汗发挥地区大国作用的主要障碍，也是重要激励。伊朗要在阿富汗有所作为，首先就得同美国较量；而阿富汗问题的复杂性是伊朗巧妙对冲美国的机遇。实际上，伊朗同美国在阿富汗也有不少共同利益，包括防止塔利班控制喀布尔政权，推动阿富汗和平稳定与繁荣等①。但在两国总体对抗的关系框架内，这些共同利益还不足以成为美伊直接合作的基础，目前只表现为某种默契。

1. 支持美国推翻塔利班政权的战争

塔利班对伊朗的挑战包括意识形态和地缘政治两个层面。塔利班兴起后，伊朗大力支持北方联盟。1997年德黑兰同塔利班政权断交。1998年塔利班在马扎尔谢立夫屠城导致伊朗多名外交官遇难，两国险些爆发战争。

因此，美国发动的阿富汗战争符合伊朗的战略利益。2001年9月底，伊朗协助美国接触北方联盟并达成协同作战约定。德黑兰还准许美国通过伊朗领土向阿富汗运送人道主义物资，并在空袭目标方面给美国提供了重要建议。② 2001年12月底，伊朗参加了波恩会议并对促成协定做出重要贡献。

哈塔米政府原本希望，通过支持美国在阿富汗的行动，能够推动改变伊美双边关系的性质，促进两国在其他地区和战略问题上的合作与理解③，但这并非美国所愿。2002年1月，小

---

① 兰德公司2014年发布的一份研究报告提出重要判断：即便美国—伊朗关系继续紧张，伊朗在阿富汗的活动也不大可能与美国在阿富汗的总体目标相冲突。Alireza Nader et. al., *Iran's Influence in Afghanistan: Implications for the US Drawdown*, RAND Report, June 23, 2014.

② Mohsen Milani, "Iran and Afghanistan", http://iranprimer.usip.org/resource/iran-and-afghanistan.

③ K. Barzegar, "Role At Odds: the Roots of Increased Iran-US Tension in the Post 9/11 Middle East", *Iranian Review of Foreign Affairs*, Vol. 1, No. 3 (2010), pp. 85-114.

布什总统的国情咨文把伊朗称为"邪恶轴心"国家,直接导致伊美在阿富汗问题上的政治合作中断。

2005年强硬的艾哈迈迪内贾德当选为伊朗总统,伊朗—美国紧张关系持续升级。直到2008年年底,美国才考虑把伊朗重新纳入阿富汗问题的解决机制中,奥巴马总统2009年3月的阿富巴战略正式阐发了这一主张。

2. 强调阿富汗安全自主

美国军队长期驻扎在邻国,显然不符合伊朗的利益。2003年10月,联合国安理会1510号决议授权国际安全援助部队(ISAF)驻扎阿富汗各省,令伊朗感觉到安全威胁。艾哈迈迪内贾德政府既担心阿富汗局势恶化会外溢到伊朗,同时又担心美国会利用在阿富汗的基地对伊朗实施军事打击。

2007年10月,伊朗正式提议,要加强阿富汗本土安全力量的能力和责任,由阿富汗人负责阿富汗的安全。伊朗驻联合国代表向安理会报告说,虽然卡尔扎伊政府在发展方面取得了成就,但是阿富汗安全局势令人担忧。比如阿富汗的鸦片种植面积同比增加17%,产量增长34%,毒品危及伊朗和世界各国安全。为此伊朗提出,解决阿富汗安全威胁的关键是"增强阿富汗国民安全力量(ANSF)即阿富汗警察和军队的能力、自治和统一。很明显,让阿富汗安全力量承担国内安全的责任是重中之重,此举将能解决阿富汗目前部分地区存在的安全隐患"[①]。

2008年阿富汗局势趋于恶化,国际舆论热议增兵问题,伊朗政府反对增兵,认为北约在阿富汗的驻军于事无补,单纯增加外国军队的数量没有益处,西方国家应该把准备增兵的军费

---

① "Statement by H. E. Mr. Mohammad Khazaee, Permanent Representative of the Islamic Republic of Iran, On the Situation in Afghanistan", Oct. 15, 2007, http://iran - un. org/en/2007/10/15/15 - october - 2007/.

预算用于培训阿富汗军警，阿富汗的政府和能力建设进程应由阿富汗人主导①。

3. 增加美国驻扎阿富汗的困难和成本

伊朗不愿意美国在阿富汗长期驻军，不愿意喀布尔完全听命于美国，但它无力也无意同美国正面冲突。在美伊力量悬殊的情况下，伊朗主要采取了两大措施：

首先，尽力确保喀布尔政权不会完全倒向美国，避免阿富汗被用来针对伊朗。

基于此，伊朗在阿富汗重大问题上的立场显得与众不同。比如当阿富汗与美国签订战略伙伴关系协定时，伊朗是唯一公开强烈反对并尽力阻挠的国家②。在许多国家担心美国撤军会加剧阿富汗动荡的时候，只有伊朗反复公开强调美国驻军不利于地区和平和安全，多次公开敦促西方军队离开。

2013年12月，国际社会普遍敦促卡尔扎伊尽快签署阿美双边安全协定。鲁哈尼总统则公开表示支持卡尔扎伊的立场，称这个协定不符合阿富汗长期利益，会破坏地区稳定。尽管美阿双边安全协定草案文本前言已专门规定，"美国在阿富汗不谋求永久军事设施，不谋求威胁阿富汗的邻国，美国承诺不利用阿富汗领土或设施作为打击其他国家的基地"③，但伊朗仍然有理

---

① Julian Borger, "Iran Offers to Help US Rebuild Afghanistan", March 31, 2009, https://www.theguardian.com/world/2009/mar/31/iran-afghanistan-obama.

② 有消息说，协定批准前夕，伊朗驻喀布尔大使还在努力敦促阿富汗议会投票反对这个协定，并威胁说否则伊朗要对阿实施经济惩罚，包括驱逐在伊朗工作的阿富汗难民等。阿富汗议会两院批准该条约后，两国关系陷入低谷，伊朗驻喀布尔大使被德黑兰召回。

③ *Security and Defense Cooperation Agreement between the Unitied States and the Islamic Republic of Afghanistan*, Pre-decisional Document as of November 2013, p. 1, http://mfa.gov.af/Content/files/2013-11-18%20BSA%20TEXT.pdf.

由担心自己的安全。

其次,支持阿富汗的反美力量。

当前阿富汗最重要的反美力量是塔利班。2007 年开始,北约和美国多次宣称截获运送给塔利班的伊朗武器。① 2012 年 7 月,有报道说伊朗准许塔利班在其境内开设办事处。对此伊朗政府一概否认。

饶有趣味的是,卡尔扎伊总统无数次因塔利班问题与巴基斯坦争吵,但却小心翼翼地维护着同德黑兰的关系。美国和北约指责伊朗秘密支持塔利班时,他继续称伊朗为"亲密的朋友和盟国"②。但根据奎普克的研究,阿富汗高级官员在同美国官员私下交谈时说,伊朗和巴基斯坦、沙特阿拉伯一样,都在"支持它们所偏爱的塔利班组织,以对抗西方的影响力"。卡尔扎伊总统私底下会抱怨说"伊朗的介入越来越致命"。③ 但是公开场合伊阿两国政府间一团和气。过去十多年,卡尔扎伊"坚持努力就美国军事存在问题反复向德黑兰做出保证和安抚"④。其原因显而易见,喀布尔政权不可能与两个最重要的邻国同时为敌。

---

① Robert Gates, U. S. Secretary of Defense, News Briefing, Ramstein Air Force Base, Ger., June 13, 2007. *The Washington Post*, Sept. 21, 2007. "As Afghan Authorities Say 100 Iranian – made IEDs Found", *Newsline*, *Radio Free Europe/Radio Liberty*, Aug. 15, 2007. Muhammad Tahir, "Iranian Involvement in Afghanistan", *Terrorism Monitor*, Jamestown Foundation, Washington, D. C., Jan. 18, 2007.
② 转引自 Harsh V. Pant, "Pakistan and Iran's Dysfunctional Relationship", *Middle East Quarterly*, 16. 2, Spring 2009, pp. 43 – 50。
③ Bruce Koepke, *Iran's Policy on Afghanistan*, Sockholm International Peace Research Institute 2013, p. 18.
④ Frud Bezhan, "Exploring Afghanistan's Iran Option", http://www.atimes.com/atimes/South_Asia/SOU – 02 – 121213.html.

4. 支持阿富汗新政权，积极参与重建

伊朗参与了波恩会议搭建喀布尔新政权框架的整个过程，并发挥了重要作用。2002年，德黑兰与阿富汗恢复外交关系，还敦促亲伊朗的穆贾西丁、北方联盟、哈扎拉人支持卡尔扎伊政权①。阿富汗有著名领导人评论说，倘若不是伊朗的积极斡旋和贡献，西方国家将很难做到目前的许多事情。②

伊朗支持新政权的表现之一是提供资金和发展援助。2002—2007年是伊朗援助阿富汗的"黄金时期"。2002年东京会议上，伊朗承诺向阿富汗重建提供5.6亿美元的资金。是经合组织（OECD）之外最大的援助国。③ 2006年伦敦阿富汗重建会议上，伊朗增加1亿美元援助。受伊朗—美国关系恶化等因素的影响，2007—2013年，伊朗对阿富汗的援助相对减少，主要集中于完成既有项目。2002年以来，平均每年保持在大约5000万美元的水平。④

伊朗是阿富汗的十大投资国之一。其投资主要集中于公路、铁路、农业、电信、教育和医疗机构，培训商业人才、扩建输电网工程等领域。从地区来看则是以赫拉特省和阿富汗西部地

---

① Thomas Johnson, "Ismail Khan, Herat, and Iranian Influence", *Strategic Insights* (U. S. Naval Postgraduate School, Center for Contemporary Conflict), July 2004.

② Alireza Nader et. al. , *Iran's Influence in Afghanistan*: *Implications for the US Drawdown*, RAND Report, June 23, 2014, p. 9.

③ 一说为5.4亿美元。伊朗政府公布的数字是5.6亿美元。Michael Kugelman, "The Iran Factor in Afghanistan", July 10, 2014, http://foreignpolicy.com/2014/07/10/the-iran-factor-in-afghanistan/.

④ Muhammad Saleem Mazhar and Naheed S. Goraya, "Iran as a Regional Player in Afghanistan", *Interdisciplinary Journal of Contemporary Research in Business*, 3.7 (Nov. 2011), pp. 112 – 124. "Ahmadinejad Welcomes Expansion of Iran – Afghanistan Cultural Cooperation", *Farsnews*, Jan. 1, 2013, http://english.farsnews.com/newstext.php? nn = 9107132103.

区为中心。有分析人士称，伊朗在赫拉特建立了势力范围和安全缓冲区①。赫拉特的重建成效显著，2013—2014年赫拉特市已有24小时供电、繁荣的工业园区，经济充满活力，安全秩序良好。赫拉特的稳定和繁荣提升了伊朗的影响力。

伊朗还努力扩大同阿富汗的双边贸易。2002年伊朗对阿富汗的出口总额为1.5亿美元，2012年年底增加到20亿美元。阿富汗对伊朗的出口则从大约50万美元增加到110多万美元。2013年伊阿贸易总额近50亿美元，相当于2011年的2.5倍②。比数字更重要的是贸易商品结构：伊朗向阿富汗出口的主要是食品、药品、石油和水泥等商品，都是阿富汗国计民生所必需的。

民族和解是阿富汗和平重建必不可少的环节。伊朗对阿富汗政治和解的态度有一个变化过程。起初，受意识形态影响，特别是鉴于塔利班政权时期推行的教派主义和极端主义政策，伊朗反对同塔利班和解。2009年3月以前，德黑兰多次公开明确反对和塔利班对话。2010年10月，卡尔扎伊组建了70人高级和平委员会（HPC），其中包括前塔利班官员、宗教学者、市民社会代表、穆贾西丁领导人等各方代表，旨在培育信任，进而实现国家和平与团结。2011年3月，伊朗政府高调宣布支持高级和平委员会同塔利班对话，主动表示愿意在德黑兰举行对话会议。它还强调什叶派必须参与政治和解进程，努力推动阿富汗和平进程本地化，并且把和谈同撤军联系起来。伊朗驻联合国大使在支持阿富汗和谈的声明中特别强调三点：第一，和

---

① Mohsen Milani, "Iran and Afghanistan", http://iranprimer.usip.org/resource/iran-and-afghanistan.

② 转引自 Alireza Nader et. al., *Iran's Influence in Afghanistan: Implications for the US Drawdown*, RAND Report, June 23, 2014, p. 9; Bruce Koepke, *Iran's Policy on Afghanistan*, Sockholm International Peace Research Institute 2013, p. 13。

解必须包括阿富汗所有力量。第二，阿富汗的安全和稳定有利于阿富汗的各个邻国，有必要在邻国举办此类会议。第三，外国军队的存在无助于阿富汗的和平稳定，而只能成为极端主义力量继续挑起战争的借口。①

调整立场之后，伊朗很快成为阿富汗和解进程大舞台上的主要玩家，在接触塔利班方面远远领先于阿富汗政府。2011年9月，伊朗邀请高级和平委员会领导人、奎达舒拉和塔利班的代表参加了在德黑兰举行的"伊斯兰觉醒大会"（Islamic Awakening Conference）。2013年6月初，塔利班两次派出代表前往德黑兰会晤伊朗官员。事后，阿富汗分析人士怀疑伊朗的意图，认为伊朗试图"破坏和平进程"②。

5. 扩大在阿富汗的政治势力

伊朗在阿富汗培育和实施政治影响力的战略主要有三个支点：政府间关系、广泛交好各种政治力量、加强对普通民众的影响。

第一，巩固、深化同阿富汗政府的关系。

从波恩会议开始，伊朗积极支持喀布尔政权，卡尔扎伊同伊朗关系比较亲近。2013年8月4日，鲁哈尼就任伊朗新总统。第二天便同阿富汗签订战略合作协定。这既是为2014年美国撤军之后的局势做准备，同时也反映出伊朗新政府对阿富汗的重视。根据协定，伊朗和阿富汗将加强在政治、军事和经济方面的战略合作，包括加强军事培训、反恐、打击有组织犯罪等方

---

① "Iran Says Ready to Host Afghan Peace Council Meeting", March 19, 2011, http://www.globalsecurity.org/military/library/news/2011/03/mil-110319-isna01.htm.

② Tahir Khan, "Neighbourhood Watch: Taliban Defy Afghan Govt, Successfully Conclude Iran Visit", June 7, 2013, http://tribune.com.pk/story/560278/neighbourhood-watch-taliban-defy-afghan-govt-successfully-conclude-iran-visit/.

面的合作，进行反恐反毒联合军事演习，共享有关国家安全的最新情报，扩大旅游、贸易和商业往来，加强科学教育交流等。根据协定，两国将通过三边机制同印度、俄罗斯的国家安全部门合作①。这实际上预告了印度、俄罗斯、伊朗、阿富汗四国未来将在安全领域加强协作关系。

2013年12月，阿富汗—美国关系因双边安全协定问题而陷入低谷之际，伊朗—阿富汗启动了"全面友好合作协定"（Comprehensive Friendship And Cooperation Agreement）的谈判。

第二，同阿富汗各主要政治力量发展友好关系，多面下注。

在20世纪90年代阿富汗内战期间，伊朗便开始同阿富汗境内什叶派之外的其他武装和政治力量接触。阿富汗战争期间，美国媒体和政府谴责伊朗暗中接触和支持塔利班力量。德黑兰同阿富汗塔吉克人、哈扎拉人的密切关系则是众所周知的，其给塔吉克人伊斯梅尔·汗和穆罕默德·法伊姆、哈扎拉人阿卜杜·卡里姆·哈里里等著名指挥官②提供资金和武器，几乎是公开的秘密。

阿富汗许多政治家、议员和非政府组织也是伊朗拉拢的对象。据称阿国民议会249名议员中，有44人获得伊朗资助，包

---

① "Iran's Strategy in Afghanistan", Sept. 6, 2013, http://iranprimer.usip.org/blog/2013/sep/06/report-iran%E2%80%99s-strategy-afghanistan.

② 法伊姆是阿富汗副总统。Romesh Ratnesar et al., "Tehran's game", *Time Magazine*, Feb. 4, 2002, p. 40. Joseph Felter and Brian Fishman, "Iranian strategy in Iraq: Politics and 'other means'", Combating Terrorism Center, West Point, Oct. 13, 2008, 18, http://ctc.usma.edu. Sumitha Narayanan. Kutty, "Iran and Afghanistan: the Urgent Need for Inclusive Regional Diplomacy", *Asia Policy*, January 2014, http://www.nbr.org/publications/element.aspx?id=723. Nikolai Bobkin, "Afghanistan in the Strategic Plans of Iran", http://www.strategic-culture.org/news/2013/12/12/afghanistan-in-the-strategic-plans-of-iran.html.

括反对派领袖、现任最高行政长官的阿卜杜拉·阿卜杜拉博士、议会下院发言人穆罕默德·卡努尼等人。① 这种多面下注的战略有助于伊朗在 2014 年以后推进其在阿富汗的利益。

第三，通过资助和操控媒体、参与学校教育等方式，推广伊朗价值观，培育追随者，增强软实力。

伊朗一直扮演什叶派穆斯林保护者的角色，它在阿富汗资助什叶派清真寺，支持什叶派宗教人士在公共空间表达政治主张。

2002 年以来，德黑兰努力在阿富汗推广伊朗政治文化价值观。它每年在阿花费约 1 亿美元支持媒体、市民社会项目和宗教学校，目前阿富汗至少有 6 家电视台、15 个广播电台和若干平面媒体依靠伊朗资金②。

伊朗利用手中的阿富汗媒体作为政治战略工具：宣传伊朗—阿富汗友好关系的价值、抨击美国在阿富汗的活动、阻碍美阿关系深入发展。2011 年美国撤军计划开始实施，伊朗加快了利用地方媒体影响阿富汗事务的步伐，"开始把它的观念和主

---

① Amie Ferris－Rotman, "Insight：Iran's Great Game in Afghanistan", *Reuters News*, May 24, 2012, http：//www.reuters.com/article/2012/05/24/us－afghanistan－iran－media－idUSBRE84N0CB20120524. 卡努尼是大军阀马苏德的政治和军事继承人。2014 年阿富汗大选中，阿卜杜拉·阿卜杜拉博士同阿什拉夫·加尼不相上下，最后在美国调停下两人组成联合政府，加尼任总统，阿卜杜拉担任"最高行政长官"。2016 年 4 月，加尼同阿卜杜拉的矛盾一度公开化。截至 2017 年 3 月，阿卜杜拉·阿卜杜拉职务的宪法合法性问题还没有得到解决。

② Amie Ferris－Rotman, "Insight：Iran's Great Game in Afghanistan", *Reuters News*, May 24, 2012, http：//www.reuters.com/article/2012/05/24/us－afghanistan－iran－media－idUSBRE84N0CB20120524. Nikolai Bobkin, "Afghanistan in the Strategic Plans of Iran", http：//www.strategic－culture.org/news/2013/12/12/afghanistan－in－the－strategic－plans－of－iran.html.

张注入阿富汗媒体中"①。阿富汗著名什叶派宗教领袖阿亚图拉穆塞尼在其创办的私人电视频道中宣扬"各种号召反对美阿战略协定的海报……宣扬伊朗是唯一能够帮助阿富汗、给阿富汗提供食品和生活必需品供给的国家"。周报《公平》则在2012年春夏连续发文批评美国—阿富汗战略伙伴关系协定。阿富汗国家安全局认为,这些媒体都得到了伊朗的支持。②

学校教育体制也是伊朗扩大影响力的重点场所。德黑兰出资在阿富汗各地建造和修缮了数十所中小学,还给许多大学提供教材。而且目前来看,由于波斯语同达里语之间的关系,伊朗在这方面的角色无可替代。一位阿富汗领导人告诉兰德公司说,"如果拿掉伊朗出版的书,喀布尔大学就什么都没有了"③。

西方媒体称伊朗对阿富汗进行"文化侵略",旨在控制喀布尔④。但阿富汗分析人士认为,"伊朗所想要和正在努力争取的,是在阿富汗拥有一个能对抗美国影响力的权力基石"。所以还需要透过美国—伊朗关系来认识伊朗对阿富汗的战略。2013年年底,伊美关系有所缓解,但局面尚未真正明朗。

6. 加强地区合作,重塑阿富汗经济的对外通道

20世纪70年代中期,巴列维国王对阿富汗铁路交通建设、水资源分享和矿山开发等方面的援助力度甚至超过苏联。之后,受两伊战争、美国制裁和塔利班政权等因素制约,伊朗几乎退

---

① Amie Ferris – Rotman, "Insight: Iran's Great Game in Afghanistan", *Reuters News*, May 24, 2012, http://www.reuters.com/article/2012/05/24/us – afghanistan – iran – media – idUSBRE84N0CB20120524.

② Ibid..

③ Alireza Nader et. al., *Iran's Influence in Afghanistan: Implications for the US Drawdown*, RAND Report, June 23, 2014, p. 13.

④ Nikolai Bobkin, "Afghanistan in the Strategic Plans of Iran", http://www.strategic – culture.org/news/2013/12/12/afghanistan – in – the – strategic – plans – of – iran.html.

出阿富汗经济建设领域。阿富汗战争和重建给伊朗提供了新的战略机遇。德黑兰充分利用伊朗—印度友好关系以及美国提出的"共担成本"的主张，积极参与阿富汗重建工作。

在亚洲之心—伊斯坦布尔进程中，伊朗参加了全部六个"信任培育措施"小组，并担任教育小组的领导国。

伊朗援建阿富汗的主要目标之一，是突破国际制裁，争取国家政治经济发展的新空间。为此，它努力推进伊朗—阿富汗道路连通，竭力把自己打造为波斯湾、阿富汗、中亚、印度间的货物转运中心，推进以伊朗为中心的地区经济一体化。迄今主要体现为三大基础设施项目：

● 与印度合作扩建查巴哈尔港口，建设查巴哈尔港口到伊朗边境扎黑丹的铁路，扎黑丹到阿富汗边境扎兰季的公路，通过印度已经建成的扎兰季—迪拉腊姆公路与环阿富汗公路连接，后延伸到中亚地区。

● 修建连通赫拉特的两条干道。一是从边境多格朗到赫拉特的高速路，全线120多公里，耗资6000多万美元，预计完成后可承担阿富汗进出口货物运输总量的60%。[1] 另一条是从托尔巴特海达里耶到赫拉特的铁路，把赫拉特接入伊朗铁路网，有助于增强阿富汗同土耳其、欧洲的贸易。[2]

● 扩建连接查巴哈尔到阿富汗坎大哈和喀布尔的免税贸易通道。这条公路将使阿富汗到波斯湾的距离缩短700公里，弱化卡拉奇—坎大哈公路（阿富汗通往国际水域的传统通道）的重要性。[3]

---

[1] "Afghan – Iranian Highway Opens", *BBC News*, Jan. 27, 2005, http://news.bbc.co.uk/2/hi/south_asia/4213531.stm.

[2] "Heart – Iran Railway Track 90 Percent Completed: Heart Officials", *Wadsam*, Sept. 17, 2012, http://www.wadsam.com/herat-iran-railway-track-90-completed-herat-officials-4853/.

[3] Mohsen Milani, "Iran and Afghanistan", http://iranprimer.usip.org/resource/iran-and-afghanistan.

由此可见伊朗援建阿富汗的另一个地缘政治含义：与巴基斯坦竞争基于地缘经济的影响力。20 世纪末，阿富汗就已是伊朗—巴基斯坦关系中的重要变量之一，其中带着伊朗—沙特阿拉伯争夺伊斯兰世界领导权的元素，因为沙特阿拉伯同巴基斯坦关系非常密切。塔利班时期，伊朗和巴基斯坦在阿富汗进行代理人战争。2002 年以来，伊朗抓住机会，努力重塑阿富汗经济的对外联系通道，以减少其对巴基斯坦出海口的依赖。

如果说美国的"新丝绸之路"计划将加剧中南亚地区管线政治斗争，那么，伊朗和印度联手打造的阿富汗对外经济联系通道，也是一场在"地区经济一体化"框架内进行的政治游戏。

7. 遣返难民

20 世纪 70 年代开始，陆续有数百万阿富汗难民涌入伊朗，其中 70% 以上是哈扎拉人和塔吉克人[①]。起初伊朗给阿富汗难民提供的条件十分优厚：他们可在能找到工作的任何地方定居，享受国家医疗服务和食品补贴，孩子受教育权利与伊朗人完全一样[②]。但近十多年来伊朗经济困难，政府难以承受数百万难民的福利开支，民众抱怨难民抢走了自己的工作[③]。为缓解矛盾和负担，2007 年德黑兰开始清理和集中遣返非法滞留的难民。

伊朗集中遣返难民给阿富汗造成巨大压力。首先是国库外汇收入减少，因为在伊朗的阿富汗人每年汇回款项约 5 亿美元[④]。

---

① "Afghan Refugees in Iran and Pakistan", European Resettlement Network, 2013.

② Arne Strand et. al., *Afghan Refugees in Iran: from Refugee Emergency to Migration Management*, Oslo: Chr. Michelsen Istitute, June 2004.

③ 其中约 150 万有合法居留权。Sumitha Narayanan Kutty, "Iran and Afghanistan: the Urgent Need for Inclusive Regional Diplomacy", *Asia Policy*, January 2014, http://www.nbr.org/publications/element.aspx?id=723.

④ Arne Strand et. al., *Afghan Refugees in Iran: from Refugee Emergency to Migration Management*, Oslo: Chr. Michelsen Istitute, June 2004.

其次，大量难民集中回国，阿富汗社会和经济体系难以消化，加重了经济困难和社会矛盾。在这个意义上，难民遣返具有政治战略价值，被伊朗用作施加政治影响力的工具。2012 年 5 月，为阻挠美国—阿富汗战略伙伴关系协定，伊朗公开威胁称要驱逐 100 万阿富汗难民①。阿富汗情报机构对伊朗集中遣返难民的担心之一是可能有伊朗渗透者假扮难民混入阿富汗，从事秘密行动②。

8. 打击和防止毒品走私

阿富汗鸦片占世界总产量约 90%。阿富汗所产鸦片的 89%、吗啡和海洛因的 39% 流入伊朗，其中 40% 被伊朗人消费。③ 过去 30 年，伊朗付出高昂代价禁毒，但吸毒人数仍持续增加，现已达到 200 万人左右，占总人口的 2.5%—3.5%，比例为世界最高。④

伊朗积极参加国际禁毒机制。包括联合国倡议的伊朗—阿富汗—巴基斯坦"三边联合筹划小组"和亚洲之心—伊斯坦布尔进程框架内的反毒小组等。和其他重要问题一样，禁毒也是美国打压和妖魔化伊朗的平台：美国各界指控伊朗革命卫队军

---

① Amie Ferris – Rotman, "Insight: Iran's Great Game in Afghanistan", *Reuters News*, May 24, 2012, http://www.reuters.com/article/2012/05/24/us-afghanistan-iran-media-idUSBRE84N0CB20120524.

② Maria Abi Habib, "Tehran Builds on Outreach to Taliban", *Wall Street Journal*, July 31, 2012.

③ "Opium and Heroin Market: World Drug Report", United Nations Office on Drugs and Crime, 2009, p. 44, http://www.unodc.org. Alireza Nader et. al., *Iran's Influence in Afghanistan: Implications for the US Drawdown*, RAND Report, June 23, 2014, p. 19.

④ "Policies, Achievements, Ongoing Programs, and Future Plans", Drug Control Headquarters of the Islamic Republic of Iran, Tehran, 2007. "Tehran Battles Drugs, Addition and Crime", *Al – Monitor*, March 5, 2013, 转引自 Alireza Nader et. al., *Iran's Influence in Afghanistan: Implications for the US Drawdown*, RAND Report, June 23, 2014, p. 18。"Iran Backs Paris Pact Initiative", 2009, 转引自 Alireza Nader and Joya Laha, *Iran's Balancing Act in Afghanistan*, RAND Report, 2011, p. 14。

官参与毒品走私和销售。但是伊朗在阿富汗禁毒方面的努力和成就得到其他国家的广泛认可①。

第五节　俄罗斯

近代以来，俄罗斯是阿富汗历史的重要参与者和塑造者。当前阿富汗的政治版图是19世纪大博弈的直接产物。20世纪上半叶苏联的塔吉克人、乌兹别克人和土库曼人移居阿富汗，影响了阿富汗的人口构成。苏联占领所塑造的政治生态至今还在发挥作用。

苏联解体后，俄罗斯不再直接与阿富汗接壤，一度淡出阿富汗政治舞台，但两国之间的历史文化纽带没有改变，两国有共同的少数民族群体（乌兹别克人、塔吉克人和土库曼人），苏制武器是阿富汗各武装力量的主要装备。两国在物理空间上虽然隔着中亚各国，但由于俄罗斯主导的集体安全条约组织（CSTO）和普京总统正大力推动的欧亚联盟（the Eurasian Union），两国的政治空间实际直接相邻。这些要素决定了俄罗斯在阿富汗的利益目标及其战略的复杂性。

一　俄罗斯在阿富汗的目标

俄罗斯对阿富汗的战略兴趣立足于一个基本的地理事实：俄罗斯是亚欧大陆国家，阿富汗与中亚各国紧邻。因此，相对美国而言，俄罗斯对阿富汗的兴趣更持久和本真。阿富汗是俄罗斯的"近邻"，与俄罗斯的国家安全、地区规划和世界抱负息息相关。地区和世界局势、大国实力对比的变化，会

---

① Alireza Nader et. al., *Iran's Influence in Afghanistan: Implications for the US Drawdown*, RAND Report, June 23, 2014, p. 20. W. Danspeckgruber, *Working Toward Peace and Prosperity in Afghanistan*, Lynne Rienner: Boulder, CO. 2011, pp. 17–23.

让俄罗斯调整对阿富汗的具体政策，但不会从根本上改变它对阿富汗的战略兴趣。国家安全始终是俄罗斯在阿富汗的首要目标。

1. 遏制极端主义和恐怖主义力量，打击毒品走私，确保国家安全

俄罗斯人口的 10% 为穆斯林[①]，车臣和高加索地区的分裂主义、激进极端主义和恐怖主义是俄罗斯当前最大的内部威胁。伊扎布特（Hizb‐ut Tahrir）、乌伊运（IMU）等跨地区政治伊斯兰力量也挑战着俄罗斯和中亚的政治秩序。在俄罗斯和中亚活动的穆斯林极端和恐怖主义运动大多积极追随基地组织倡导的"全球圣战运动"（Global Jihad Movement），在思想、行动乃至组织方面同阿富汗巴基斯坦地区的激进武装力量关系密切。[②]车臣武装、乌伊运和伊扎布特得到阿富汗塔利班的庇护和支持，当前依然继续躲藏在普什图部落地区[③]，伺机重返中亚和俄罗斯。因此，遏制激进极端主义和恐怖主义力量，阻止其北上，是俄罗斯在阿富汗谋求的首要目标。为此俄罗斯大力支持和协助美国—北约的反恐行动。

毒品也困扰着俄罗斯。阿富汗毒品总量 60% 以上经过中亚—俄罗斯外运。[④] 毒品走私危及社会治安，而俄罗斯国内已有约 500 万吸毒者，是当今世界最大的海洛因消费国，占世界总消费量约 20%，且增长迅速：2012 年俄罗斯缴获的海洛因数量同比

---

① 根据皮尤 2012 年数据。Pew, "The Global Religious Landscape", Dec. 2012, p. 49, http://www.pewforum.org/global‐religious‐landscape.aspx.

② Rohan Gunaratna, "Al Qaeda's Organizational Structure and Its Evolution", *Studies in Conflict and Terrorism*, 33 (2010), pp. 1043‐1078.

③ Richard Weitz, "Storm Clouds over Central Asia: Revival of the IMU?" *Studies in Conflict and Terrorism*, 27 (2004), pp. 505‐530.

④ Sreemati Ganguly, "Afghanistan: the Russian Connection", *Himalayan and Central Asian Studies*, 15.1/2 (Jan‐June 2011), pp. 120‐124.

增长70%。① 全世界每年有约10万人死于吸毒,其中三四万是俄罗斯人②,这构成俄罗斯人口危机的一个结构性痼疾。为此,打击毒品是俄罗斯在阿富汗谋求的重要目标。

2. 尽力使美国—北约军队在阿富汗无害于俄罗斯利益

围绕北约东扩和导弹防御系统等问题,俄罗斯与西方争吵多年。"颜色革命"和"大中亚"战略加剧了莫斯科对美国的担心和防范。因此,俄罗斯一面支持美国—北约的反恐平叛行动,一面扮演监督者角色,强调联合国安理会权威,同时设法加强集体安全条约组织的地位,以约束美国在中亚的战略图谋。

表面看,俄罗斯在阿富汗对北约和美国的政策自相矛盾。但实际上,无论是支持、协力还是批判、阻挠乃至拆台,莫斯科的宗旨始终是:既充分利用美国—北约力量打击极端主义恐怖主义威胁,又积极防范美国—北约借机损害俄罗斯的战略利益。

3. 促进阿富汗政权稳定

由于担心阿富汗动荡外溢到中亚地区,俄罗斯希望阿富汗政局稳定。为此它大力支持卡尔扎伊政权,并愿意忍受美国—北约军队在阿富汗长期存在。

---

① 2012年俄罗斯缴获非法毒品106吨,其中绝大多数是海洛因。"Afghanistan Tops Russia's Security Council Presidency Agenda", http://rt.com/politics/russia – un – security – council – afghanistan – middle – east – lavrov – 663, March 1, 2013.

② Marek Menkiszak, "Russia's Afghan Problem: the Russian Federation and the Afghanistan Problem since 2001", OSW Research Paper (Center for Eastern Studies, Warsaw), 2011, p. 45. Jakub Kulhanek, "Russia as the West's Elusive Ally in Afghanistan", *Turkish Policy Quarterly*, Vol. 9, No. 3 (2011), p. 128. Dadan Upadhyay, "Post – exit from US Anti – drug Pact, Russia Eyes CSTO to Fight Afghan Drug Threat", Feb. 4, 2013, http://indrus.in/world/2013/02/04/post – exit_ from_ us_ anti – drug_ pact_ russia_ eyes_ csto_ to_ fight_ afghan_ drug_ 22077. html.

美国看重阿富汗政权的性质，一直努力在喀布尔培育自由民主政体。俄罗斯也不愿意塔利班重新执政，但却更看重阿富汗政权的政治立场。很显然，历史恩怨使阿富汗政府难以真正亲近莫斯科。但俄罗斯的底线是，阿富汗政权不能被用作威胁俄罗斯及独联体利益的跳板，不能损害俄罗斯对中亚的主导。在这个意义上，莫斯科不喜欢美国操控卡尔扎伊政府，但也不愿意喀布尔政权崩溃。

4. 推动俄罗斯主导的地区一体化，谋求"南下"

沙俄"南下"是 19 世纪大博弈的起因之一。苏联也曾把"南下"作为国家战略目标。近年来，"重返南亚"的话题在俄罗斯悄悄兴起。① 其背景主要有：

● 对阿富汗矿产资源的浓厚兴趣。始于苏联时期并已有一定基础②。

● 美国推动"新丝绸之路"计划，试图把中亚能源资源南引。巴基斯坦和印度积极响应。

● 中国进入中亚能源领域，同哈萨克斯坦达成管线协议。

这是莫斯科决定加入 TAPI 项目的重要原因。当然，俄罗斯绝不满足于单纯成全印度，或作为美国"新丝绸之路"计划的配角。它有自己的地区战略构想，试图把阿富汗纳入俄罗斯主导的地区机制中。它已把阿富汗拉入上海合作组织，并不遗余力地强调集体安全条约组织在阿富汗问题上的重要作用。

---

① Ajay Kamalakaran, "India Should Welcome Greater Russian Participation in Its Neighbourhood", http://in.rbth.com/articles/2012/09/28/india_should_welcome_greater_russian_participation_in_its_neighbourh_17971.html.

② 20 世纪 70 年代晚期，苏联在阿富汗北部贾尔库都克、希比尔甘和霍加—古格尔达格等地勘探开发气田。Anton Oleinik, "Lessons of Russia in Afghanistan", *Society*, Vol. 45, No. 3 (2008), pp. 288–293.

二 俄罗斯在阿富汗的战略及其结果

俄罗斯在阿富汗的战略随本国和当地局势、大国战略的变化而变化。有学者把 21 世纪莫斯科对阿富汗战略分为三个时间段:①

● 2001—2002 年。主动出击,恢复在阿富汗的存在。

● 2003—2006 年。停滞状态,受西方在阿富汗主导地位的制约。

● 2007 年以来。恢复积极进取。改进同喀布尔的关系,增强俄罗斯对西方盟军的战略地位。

1. 支持阿富汗战争

俄罗斯大力支持美国在阿富汗的反恐战争。根据小布什总统回忆,普京总统是"9·11"事件后第一个致电白宫表示慰问和支持的外国首脑,他在电话中说"我们处在同一战线"。随即下令对美国开放俄罗斯领空,并动用影响力帮助美国军队经中亚地区进入阿富汗。普京还命令俄罗斯军方向五角大楼介绍苏联进入阿富汗的经验。②

俄罗斯的大力支持,是美国能够顺利开战的关键要素。俄罗斯除了未直接派兵参加国际安全援助部队以外,向美国慷慨提供了许多帮助:

● 情报支持。阿富汗战争期间,俄罗斯与美国、英国"以前所未有的规模,严肃地共享情报。这是以前从未有过的"③。

● 准许美国—北约使用俄罗斯空中走廊和中亚地区运送非军事物资。

---

① Marek Menkiszak, "Russia's Afghan Problem", OSW Research Paper (Center for Eastern Studies, Warsaw), 2011, p. 7.
② 乔治·沃克·布什:《抉择时刻》,第 184—185 页。
③ Ian Traynor, "War in Afghanistan: Coalition", *The Guardian* (London), Dec. 19, 2001.

● 支持中亚国家给美国提供军事基地和转运中心。2008 年美国把经过中亚俄罗斯的运输线正式命名为"北方运输网络"(NDN)。在巴基斯坦局势动荡、美国—巴基斯坦关系不稳定的情况下，NDN 对北约驻阿军队极为重要。

2. 全面重新进入阿富汗，支持新政权，积极参与重建

阿富汗战争对俄罗斯的战略价值不仅在于反恐，还在于提供了一个重新进入阿富汗的刺激和机会。

由于 20 世纪 80 年代阿富汗战争的重创，苏联解体初期，俄罗斯患上"阿富汗综合征"，不愿直接军事卷入阿富汗事务[1]。90 年代俄罗斯只在幕后支持北方联盟。1996 年 9 月塔利班夺取喀布尔，俄罗斯主要通过中亚国家首脑会议机制给北方联盟提供支持。2002 年 3 月，有分析人士警告说，俄罗斯面临美国在中亚构建的新地缘政治挑战，美国在阿富汗的军事存在威胁到独联体[2]。这才促成了莫斯科态度的变化。

2007 年起，俄罗斯更多强调自己的利益，试图通过支持阿富汗地方力量、支持卡尔扎伊独立性、强调联合国安理会的权威等方式，来约束美国—北约在阿富汗的行动。2013 年 4 月普京表示，俄罗斯决心"给阿富汗领导人提供必要援助，帮助稳定军队和政治局势，打击毒品走私、恐怖主义和极端主义"[3]。

在重建方面，虽然莫斯科只提供了 1 亿美元的直接援助资

---

[1] Marek Menkiszak, "Russia's Afghan Problem", OSW Research Paper (Center for Eastern Studies, Warsaw), 2011, p. 13.

[2] 这是独联体国家研究院负责人康斯坦丁·查鲁金在莫斯科一次研讨会上的讲话。转引自 Sreemati Ganguly, "Afghanistan: the Russian Connection", *Himalayan and Central Asian Studies*, 15.1/2 (Jan—June 2011), pp. 120 – 124。

[3] Debidatta Aurobinda Mahapatra, "The Challenge of Volatility in Eurasia", *RIR*, April 17, 2013, http: //in. rbth. com/world/2013/04/17/the_ challenge_ of_ volatility_ in_ eurasia_ 23879. html.

金，但取消了阿富汗所欠 100 亿美元的债务①，还给喀布尔提供 500 辆伏尔加轿车，给国民军队提供军用物资。在基础设施建设方面，莫斯科帮助重建纵穿兴都库什山、连接阿富汗北部和南部地区的战略交通要道萨琅隧道②，扩建喀布尔省的纳格鲁水电厂，在巴米扬、帕克蒂亚、帕尔万、巴达赫尚等省新建了一批小型水力发电站。

2011 年 1 月，俄罗斯同阿富汗就阿经济发展、政治稳定和双边关系等问题达成系列协议，被国际舆论称为"俄罗斯重返阿富汗"③。

与冷战时期的苏联和当前的美国不同，眼下俄罗斯介入阿富汗更多偏重经济合作而非政治操控，至少表面上是这样。或许是苏联时代的教训让莫斯科相信，对阿富汗这个擅长抵抗外力控制的国家来说，经济合作比军事干预、政治控制更加有效和简单。

3. 同美国—北约既合作又斗争，谋求利益最大化

俄罗斯和美国之间没有战略互信。对美国—北约在阿富汗的存在，莫斯科一方面由衷希望它能打垮基地组织，使阿富汗不再成为恐怖分子的集散地，维护地区和平和安全；但另一方面却又担心美国—北约另有企图，趁机扩大在中南亚地区的战略势力。基于此，俄罗斯对美国—北约在阿富汗的行动，既有合作也有斗争。

---

① 这笔债务主要是 20 世纪 70—80 年代苏联给人民民主党政权的武器装备，占阿富汗欠俄罗斯债务总额的 90%。"Russian and Afghanistan", http://www.understandingwar.org/russia-and-afghanistan.

② "Salang Tunnel: Afghanistan's Lifeline", *BBC News*, Feb 10, 2010, http://news.bbc.co.uk/2/hi/8507815.stm.

③ Richard Weitz, "Global Insights: Russia's Return to Afghanistan", *World Politics Review*, Jan. 25, 2011, http://www.worldpoliticsreview.com/articles/print/7653.

2002年，俄罗斯—北约理事会成立，作为双方定期磋商协作的机制，下设反恐、军事合作、阿富汗合作、工业合作、不扩散等部门。过去十多年，阿富汗问题在一定程度上改善了俄罗斯同北约的总体关系，但双方在阿富汗问题上的关系也深受其他要素的影响，比如2014年5月1日，由于克里米亚纠纷，北约外交部部长会议决定暂停与俄罗斯的民生和军事合作。①

（1）反恐和平叛方面的合作与斗争

俄罗斯支持反恐和平叛军事行动，是基于自身利益，是为了守护独联体国家南部边境安全。如普京总统说，"南部边境线的安宁是我们的重大利益……我们需要帮助他们（美国和盟军）"②。

莫斯科起先以为阿富汗战争会迅速结束，局势会很快稳定，北约军队会很快撤离③。反恐战争初期，它积极回应美国—北约的实战需要，提供情报和后勤支持。在2004年年底塔利班东山再起、平叛行动难见成功希望的情况下，莫斯科积极另谋出路。于是加强集体安全条约组织的团结并强调其在阿富汗问题上的作用，加紧在阿富汗当地培育反塔利班力量，支持由前北方联盟改组的民族阵线。

但俄罗斯并未放弃支持美国北约。2009—2010年北约—俄罗斯理事会决定扩大反恐合作，其主要表现之一是扩大北方运输网络的使用授权：

● 除空中走廊外，俄罗斯开放境内铁路和公路运输系统。这大大降低了物资从欧洲空运到阿富汗的成本。据估算，空运

---

① "Ukraine Crisis: NATO Suspends Russia Cooperation", *BBC NEWS*, April 2, 2014, http://www.bbc.com/news/world-europe-26838894.

② Michael Bohm, "Why Putin Wants US Bases in Afghanistan", *The Moscow Times*, May 19, 2013.

③ Marek Menkiszak, "Russia's Afghan Problem", OSW Research Paper (Center for Eastern Studies, Warsaw), 2011, p. 7.

改为铁路运输后，北约每一吨物资的运输成本从 1.4 万美元降为 500 美元①。

● 把单向运输许可改为双向运输许可②，由物资运输扩大到准许运输人员。这在战略上保证了美国—北约撤离阿富汗的技术可能性，减少北约对巴基斯坦运输线的高度依赖。

● 2012 年 6 月，俄罗斯当局准许北约军队使用通过伏尔加地区的转运线路运输补给，准许在乌尔扬诺夫斯克开设北约特别转运中心。

不过，俄罗斯不希望美国—北约力量长期驻扎在阿富汗，担心它们利用阿富汗谋求其他战略目标。随着 2011 年美国—北约开始撤军，莫斯科的新战略逐渐出台。

首先是俄罗斯国家安全委员会书记帕特洛谢夫（Nikolaiy Patrushev）公开反对美国永久驻留阿富汗。他说，"尽管华盛顿宣称没有在阿富汗谋求永久军事基地的计划，但我们知道美国军队在 2014 年以后将继续留在阿富汗"。他强调俄罗斯反对美国在阿富汗拥有永久军事基地，"外国军队继续长期留驻阿富汗，可能被用作针对该地区其他国家（的一个跳板），这是俄罗斯不能接受的"。③

而普京则表示希望美国—北约继续留在阿富汗，以便完成当初承诺的反恐及平叛任务。他说："很遗憾，北约行动的许多参与国都在想如何离开。（可）他们既然承担了这个任务，

---

① Vladimir Radyuhin, "Russia Returns to Afghanistan, On Request", http://www.hinduonnet.com, 转引自 Sreemati Ganguly, "Afghanistan: the Russian Connection", *Himalayan and Central Asian Studies*, 15.1/2 (Jan – June 2011), pp. 120 – 124。

② 即既允许北约货物运入阿富汗，同时允许其运出阿富汗的货物过境。

③ "Russia Wary of Permanent US Military Bases in Afghanistan", June 1, 2012, http://rt.com/politics/us – russia – afghanistan – war – military – bases – 757/.

就应该完成到底。"他承诺将继续支持和帮助北约在阿富汗的行动,称俄罗斯和北约在许多问题上存在分歧,但北约在阿富汗"这个具体的个案中所做的事情是正确的,我们正在帮助他们"。①

总之,在美国—北约撤军大局已定的情况下,俄罗斯对阿富汗战争的态度很明确②:

● 反对美国在阿富汗保留永久军事基地。

● 反对美国过快撤离,以免阿富汗局势崩溃。

● 继续用联合国安理会约束美国—北约的行动。俄罗斯外交部部长拉夫罗夫要求北约军队在撤离阿富汗前,必须向联合国安理会报告,汇报是否完成了联合国授权交办的任务,因为"这是它们在10年前进入阿富汗的依据"。他在另一个场合发表评论说,国际安全援助部队并没有完成联合国的授权,即打击恐怖主义。

● 主张加大努力建设阿富汗国民安全力量,为其独立防卫做好准备。

---

① Viktor Onuchko, "Ready to Support Afghanistan, but No Russian Troops: Ambassador Avetisyan", *Interfax*, http://indrus.in/world/2013/04/09/ready_to_support_afghanistan_but_no_russian_troops_-_ambassador_avetisy_23659.html. "NATO Should Finish Job in Afghanistan—Putin", Aug. 1, 2013, http://rt.com/politics/putin-nato-afghanistan-ulyanovsk-618.

② "Russia Wary of Permanent US Military Bases in Afghanistan", June 1, 2012, http://rt.com/politics/us-russia-afghanistan-war-military-bases-757/. Andrey Ilyashenko, "Post-2014 Afghanistan Faces a Long Period of Chaos", http://indrus.in/world/2013/10/31/post-2014_afghanistan_faces_a_long_period_of_chaos_20491.html. Olga Denisova, "Afghan Calling", http://in.rbth.com/articles/2011/12/07/afghan_calling_13354.html. Yevgeny Shestakov, "Russia's Afghanistan Conundrum", http://indrus.in/opinion/2013/04/29/russias_afghanistan_conundrum_24301.html.

（2）阿富汗军队建设方面的合作与斗争

在阿富汗军队建设方面，俄罗斯比美国—北约更加真诚和实干①。基于苏联时代的遗产，阿富汗军队装备至今依然以苏制/俄制军备为主。俄罗斯起初在建设阿富汗国家安全力量方面的热情遭到美国的暗中阻挠，2005年起停止给阿富汗国家安全力量提供免费装备，改赠送为售卖。

喀布尔实际无力支付军备费用。在卡尔扎伊政府的再三请求下，特别是眼见美国—北约开始真正努力建设阿富汗国民军以后，2010年俄罗斯重新给阿富汗供应部分免费武器。北约里斯本峰会上，俄罗斯承诺给阿富汗提供更适宜山地作战的军用直升机，参与培训阿富汗国家安全力量。②

军备需要维修和技术服务。2011年3月，北约—俄罗斯理事会启动"直升机维修信托基金项目"（the Helicopter Maintenance Trust Fund Project），双方计划共同投资2300万美元，帮助修理和维护阿富汗军队使用的苏制/俄制Mi-17和Mi-35直升机，培训飞行员。2012年，已有30名阿富汗军人到俄罗斯接受培训。但2014年3月因乌克兰危机，北约暂停这一项目，普京则呼吁北约成员国在阿富汗继续合作和互动。③

（3）打击毒品方面的合作与斗争

阿富汗毒品对俄罗斯的直接危害远远大于其对美国北约的

---

① 由于各种原因，直到2009年以前，美国和北约并不真心想帮助阿富汗建立一支强大的军队。Joe Brinkley, "Afghanistan, 10 Years On", http://www.politico.com/news/stories/1011/65270.html.

② Marek Menkiszak, "Russia's Afghan Problem", OSW Research Paper (Center for Eastern Studies, Warsaw), 2011, pp. 37-38.

③ "US - Russia Cooperation on Afghanistan", June 18, 2012, http://www.state.gov/p/eur/rls/fs/193096.htm. "Putin Calls for Continuing Russia - NATO Helicopter Project in Afghanistan", Itar - Tass, http://indrus.in/news/2014/03/21/putin_calls_for_continuing_russia-nato_helicopter_project_in_afghanistan_33929.html.

威胁。如果说俄罗斯在反恐和平叛领域更多是协助者的角色，那么它在打击毒品方面则更富进取精神，试图把美国—北约纳入莫斯科2000年倡议的"环阿富汗反毒安全带"框架，试图借用美国—北约力量，增强地区反毒行动的效力。2002年以来俄罗斯多次对北约提出合作反毒倡议。2011年它提出"彩虹二号计划"（Rainbow-2 plan），要求在联合国安理会授权下，同北约进行全面反毒合作。还呼吁创建专门的欧盟—俄罗斯联合机构负责整个欧亚地区的反毒品斗争。①

但反毒行动的成效不明显，阿富汗毒品生产和走私数量继续扩大。鸦片种植从2007年的19.3万亩增加到2013年的20.9万亩，还有数据显示，阿富汗鸦片生产"在持久自由行动期间，增加了29倍"②。

莫斯科指控美国—北约没有尽心尽力。实际上，俄罗斯同美国—北约对阿富汗毒品危害的紧迫性的认知存在差异，对如何治理毒品也有重大的理念分歧。俄罗斯主张使用一切手段坚决地、无条件地打击鸦片种植和毒品生产活动③。美国—北约则认为单纯靠拔掉罂粟是无效的，如果不给阿富汗人提供替代的谋生之道而强行铲除罂粟，只会疏离当地民众，不利

---

① "彩虹二号计划"的主要内容是：联合国安理会承认阿富汗毒品问题是对国际和平与安全的威胁；落实阿富汗重建和经济发展的综合计划；加强在阿富汗打击鸦片种植的效力；对支持种植鸦片的阿富汗部落军阀实施联合国层面的制裁；调整对国际安全援助部队的授权，增加强制摧毁鸦片种植的责任；加强反毒品情报交流；协调培训阿富汗反毒力量。转引自 Marek Menkiszak, "Russia's Afghan Problem", OSW Research Paper (Center for Eastern Studies, Warsaw), 2011, p. 46。

② "UN Targets to Eliminate Afghan Drug Production Failed", *Itar-Tass*, http://indrus.in/news/2014/02/25/un_targets_to_eliminate_afghan_drug_production_failed_33315.html.

③ Marek Menkiszak, "Russia's Afghan Problem", OSW Research Paper (Center for Eastern Studies, Warsaw), 2011, p. 48.

于美国—北约的反恐平叛战略,所以主张综合治理:"不强调拔除罂粟,而是聚焦于发布禁令,逮捕非法商贩和打击加工厂,同时辅以农村发展,改善农民生活状况,解决民众被鸦片经济吸引的根源。"①

这两种理念和方法显然难以调和。莫斯科在2013年1月底正式撤出与美国—北约在打击毒品运输犯罪方面的合作协定,更加努力推动集体安全条约组织和上海合作组织的反毒合作。2014年3月俄罗斯正式宣布,由于"美国和北约回避承担自从2001年以来阿富汗鸦片生产呈现40倍爆炸性增长的责任",工业发达国家打击毒品的集体努力已经失败,今后俄罗斯将首先依靠金砖国家和阿富汗邻国来打击毒品走私犯罪。②

4. 借势推进俄罗斯主导的地区一体化

2002年以后,美国、印度、伊朗各怀心思,以阿富汗重建为契机,提出各自的中南亚地区一体化方案。莫斯科当然不甘于坐山观虎斗,它早有自己的地区一体化构想。除上海合作组织以外,俄罗斯主导的独联体、欧亚联盟、俄罗斯—白俄罗斯—哈萨克斯坦关税同盟、集体安全条约组织等区域合作机制,都是地区一体化的努力,这些努力同美国的"大中亚"或"新丝绸之路"在地理空间上部分重叠。

也就是说,俄罗斯和美国在中南亚地区一体化方面有利益交叉。利益交叉可能促进合作,也可能产生对抗和冲突。在地区一体化的平台上,俄罗斯主动协调印度、伊朗的地区目标;莫斯科与新德里多次公开相互支持对方介入中亚和南亚地区的

---

① Vanda Felbab‑Brown, "Pushing Up Poppies", http://www.brookings.edu/opinions/2010/0927_pakistan_drugs_felbabbrown.aspx.

② "Russia to Work with BRICS in Combating Afghanistan Drug Smuggling", *Itar‑Tass*, March 27, 2014, http://in.rbth.com/world/2014/03/27/russia_to_work_with_brics_in_combating_afghanistan_drug_smuggling_34049.htm.

努力。但是俄美之间在地区一体化问题上的关系则至少有三个维度：

● 对抗与冲突。俄罗斯的决心众所周知。2012年普京在竞选中称，如果当选总统，实现欧亚联盟将是他的"首要目标"。① 但美国政府对此充满疑虑，时任国务卿希拉里·克林顿公开批评说，俄罗斯深化独联体国家一体化的努力将"使这个地区重新苏联化（re-Sovietization）"。她还说，无论其名称为何，叫关税同盟也好，欧亚联盟也好，"我们都清楚知道它的目的是什么，我们正努力寻找有效的方法来延缓或阻止这个进程"②。两个大国之间的意志较量已非常明显。

抽象地比较两国政治经济实力，美国更强。但是，俄罗斯的地缘优势和传统影响力能有效阻碍美国在中南亚地区把政治经济实力如数转为真实的影响力。2012—2013年围绕马纳斯基地的暗斗就是一个例子，结果美国败北。③ 马纳斯基地还是俄罗斯以地区主义方式同美国—北约进行较量的一个成功案例：集体安全条约组织2011年12月莫斯科峰会达成协定，在成员国领土上设立任何外国基地，都必须征得所有成员国的一致同意。

● 交汇与合作。俄罗斯积极参加美国的"新丝绸之路"计划，特别是其中的能源管线项目TAPI和CASA-1000④。有趣的是，美国的TAPI管线和CASA-1000构想，初衷之一是绕开俄

---

① Uran Bolush, "Moscow Populism and the Great Game", http://www.atimes.com/atimes/Central_Asia/NA31Ag02.html.

② "Clinton's Sovietization Comment Attracks Kremlin's Ire", Dec. 19, 2012, http://rt.com/politics/cliton-russia-cis-peskov-371/.

③ 2013年6月，吉尔吉斯共和国议会决定停止马纳斯基地的租约。2012年9月，俄罗斯顺利地同吉尔吉斯达成延租坎特（Kant）军事基地的协定，租期延长到2032年。

④ 参见本章第一节。

罗斯，实现华盛顿自 20 世纪 90 年代以来的目标，即建立一条不受莫斯科控制的里海—中亚能源资源外输管线①。但俄罗斯显然不想被绕开，它要确保自己对里海—中亚能源的宏观掌控，而且还想借 TAPI 和 CASA－1000 的东风"南下"，所以决定积极参与其中。2011 年莫斯科给 CASA－1000 项目提供 5 亿美元资金，2013 年 4 月，拉夫罗夫正式宣布俄罗斯决定支持并参加建设 TAPI 项目。②

● 俄罗斯试图使自己主导的一体化进程平行乃至替代美国的一体化努力。在反恐和反毒品领域，俄罗斯正大力提升集体安全条约组织和上海合作组织的作用。在地区一体化方面，莫斯科利用同新德里的友好关系以及印度的大国梦想和能源需求、巴基斯坦的能源危机和经济困难、伊朗的制裁困境等机遇，大力推行美国战略的平行和替代方案。比如积极支持美国所阻挠的伊朗—巴基斯坦天然气管线项目，2012 年启动俄白哈关税同盟与印度的自由贸易区谈判，考虑修建一条从俄罗斯到印度的石油管线等③。

---

① 美国为这一目标进行了许多努力，包括从 1991 年开始热议但迄今还未真正实现的纳布科管线（Nabucco）。

② "Russia Ready to Invest ＄500 million in Central Asia Electricity Project", Jan. 22, 2011, http：//en. trend. az/capital/business/1815826. html, Viktor Onuchko, "Ready to Support Afghanistan, but No Russian Troops: Ambassador Avetisyan", *Interfax*, http：//indrus. in/world/2013/04/09/ready_to_ support_ afghanistan_ but_ no_ russian_ troops_ －_ ambassador_ avetisy_ 23659. html.

③ Debidatta Aurobinda Mahapatra, "Indo－Russian Partnership in Post－2014 Afghanistan", RIR, http：//indrus. in/politics/2013/04/02/indo－russian_ partnership_ in_ post－2014_ afghanistan_ 23435. html.

第三章　中国在阿富汗的机遇和挑战

中国与阿富汗的交往可以追溯到西汉时期，自古便有密切的经济和文化交流，佛教和丝绸是其中著名的载体。当前中阿之间92.45公里①长的边境线是19世纪大博弈的产物，最早由英俄秘密协商划定，1963年11月由中阿两国政府最后勘定签约。

中阿边境位于帕米尔高原，边界线两侧的主要居民都是塔吉克族，在中国新疆塔什库尔干塔吉克族自治县和阿富汗巴达赫尚省的瓦罕地区比邻而居。在阿富汗境内，瓦罕地区面积约1.1万平方公里，2012—2013年，该地区人口不足1.5万，没有城市，居民们分散在大约110个村庄②。中阿交界处属于小帕米尔地区，海拔在5000米以上，地势险峻，一年中至少5个月不能通行。

中国和阿富汗是一对奇特的邻居：领土相连却没有公路铁路相通，没有正式的口岸，没有开放边境。同样"奇特"的是：及至21世纪第一个十年结束时，中国已被国际社会视为"新兴超级大国"，但在阿富汗却投入很少，因而在阿影响力是阿六个

---

① 一说为76公里。92.45公里是中国驻阿富汗使馆的数字。《中国—阿富汗政治关系概况》，http://af.china-embassy.org/chn/zagx/zt-gk/t1097558.htm。

② 阿富汗政府数字，http://cso.gov.af/en/page/demography-and-socile-statistics/demograph-statistics/3897111。

邻国中最小的。①

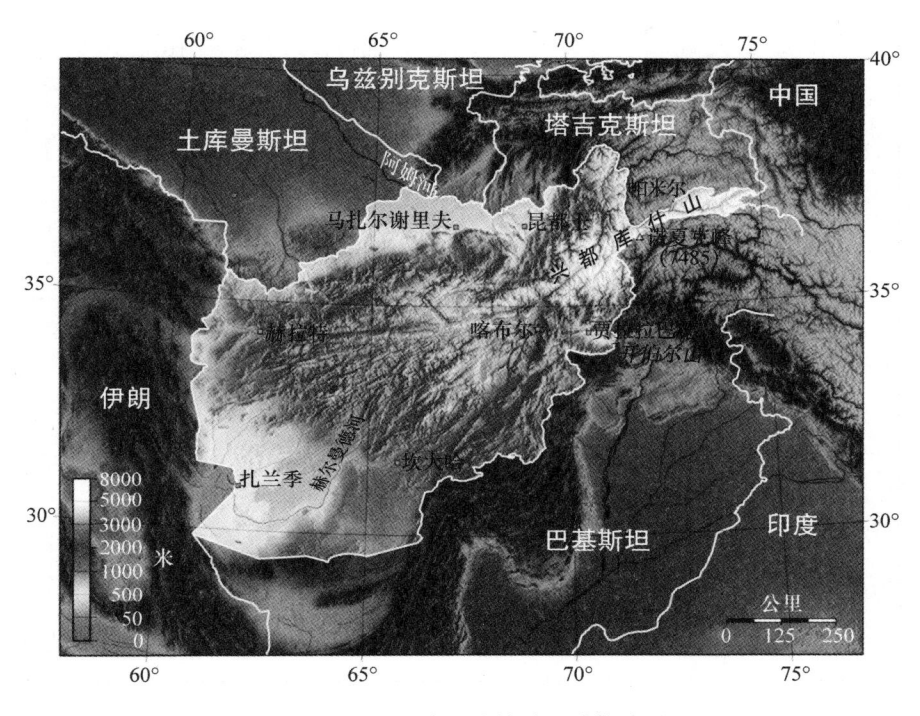

图 9 中国—阿富汗边境地区地势地形

与苏联、伊朗、巴基斯坦等阿富汗的其他近邻不同，中阿之间较少历史负累，没有边界、领土、国际河流水资源分配等争议，关系总体上是友好的。

1950 年 1 月 13 日，阿富汗承认中华人民共和国；1955 年 1 月 20 日，两国正式建交。当时阿富汗在试图接近美国却屡屡遭

---

① 不少人持这种观点。比如 Amalendu Misra, "Afghanistan: The Regional Dimension", p. 17, http://www.lse.ac.uk/IDEAS/publications/reports/pdf/SU001/misra/pdf; Conference Report, "Afghanistan's Other Neighbours: Iran, Central Asia, and China", the American Institute of Afghanistan Studies and the Hollings Center for International Dialogue, Feb. 2009, p. 15。

拒的情况下，同苏联越走越近。苏阿关系起初没有影响中阿关系的发展。阿富汗第一个五年计划期间，中国给阿富汗提供了约 2500 万美元的贷款。1957 年双方签订易货贸易和支付协定，为双边经贸关系发展奠定基础。中苏交恶之际，1960 年 8 月，中阿两国签订和平共处互不侵犯条约①，进一步加强了两国的政治关系。随后两国关系进展较为迅速，签订了一系列加强经济贸易、文化交流、经济技术合作的协定：

● 1966 年 6 月签署协定，中国在阿富汗援建一个纺织厂。
● 1966 年 5 月签署文化交流议定书。
● 1966 年 7 月签署《技术和经济援助议定书》。
● 1968 年 3 月签署协定，中国专家给帕尔万灌溉项目提供技术支持。
● 1972 年 4 月签订中阿贸易议定书，7 月签订《航空运输协定》。

1973 年 7 月 17 日达乌德在亲苏力量的支持下，发动政变推翻查希尔国王，建立共和国。10 天后中国即予以承认。1974 年 12 月，达乌德总统派遣特使访问中国，对周恩来说明，虽然阿富汗支持勃列日涅夫的"亚洲集体安全"主张，但在中苏纷争中将恪守中立，坚持不结盟立场。1975 年年初中国给阿富汗提供 5500 万美元的无息长期贷款。②

1978 年 4 月 27 日，达乌德政府被军事政变推翻，人民民主党政权上台。5 月 7 日，中国宣布承认阿富汗新政府。1979 年 7 月，中阿签署原棉贸易协定，中国从阿富汗购买 5000 吨棉花

---

① 这个条约的重要意义不仅在于它体现了万隆精神，还在于它废止了阿富汗和台湾之间的"友好关系条约"。
② Alvin Z. Rubinstein, "The Last Years of Peaceful Coexistence: Soviet – Afghan Relations 1963 – 1978", *Middle East Journal*, Vol. 36, No. 2 (Spring 1982), pp. 165 – 183.

(价值727.5万美元)。① 11月,两国签订了帕尔万灌溉工程第二阶段建设协定。

然而,1979年12月底苏联入侵阿富汗则中断了中阿双边关系的发展。中国强烈谴责苏联的侵略行为,要求苏联撤军,不承认苏联扶持的卡尔迈勒政权。阿富汗抗苏战争时期,中阿政府间没有正式官方关系,中国驻喀布尔使馆降为临时代办级,只处理领事签证等事务性问题,经贸关系受到严重影响。1992年4月纳吉布拉政权倒台以后,中阿关系恢复正常。但不久即因阿富汗内战而中断往来。

塔利班政权被推翻以后,中国大力支持卡尔扎伊领导的新政府,双方政治和经贸关系逐渐恢复。2012年6月两国建立战略合作伙伴关系。

第一节 中国在阿富汗的利益

阿富汗对中国的战略意义首先在于它是邻国,是中亚南亚的桥梁,有丰富的自然资源,有大量活跃的激进极端主义武装力量,其次则在于美国和地区主要大国已在当地立足布阵。从双边关系、国家和地区安全、地缘政治经济以及世界战略的层面来看,阿富汗都与中国的安全发展直接相关。

一 防止恐怖主义、极端主义和毒品渗透,确保国家安全

过去几十年,阿富汗政局长期动荡,成为跨国极端主义力量和恐怖主义的集中地,是中国国家安全的巨大隐忧。20世纪90年代以来,三股势力同阿富汗—巴基斯坦地区、费尔干纳盆

---

① Mohammad Mansoor Ehan, "Afghanistan – China Relations, 1955 – 2012", *Himalayan and Central Asian Studies*, Vol. 17, No. 3 – 4 (July – Dec. 2013), pp. 230 – 242.

地、外高加索的激进暴力武装力量关系错综复杂。东突厥斯坦伊斯兰运动（ETIM）和突厥斯坦伊斯兰党（TIP）长期躲藏在巴阿边境地区，其中一些人已经与当地人结婚生子，融入当地普什图社会，但却继续其多种形式的反华斗争。20世纪末以来，总部在伦敦、分支遍布全球的伊扎布特在中国、俄罗斯、巴基斯坦和中亚各国屡遭严厉打击，至今还在新疆以西保持顽强生命力，在阿富汗城市地区和大学校园正蓬勃兴起。新疆的暴力恐怖运动"伊吉拉特"成员明确把阿富汗作为其"圣战迁徙"的目的地或中转站。

　　阿富汗毒品的危害也正迅速蔓延。2003—2003年，中国吸毒人数超过100万，比1990年增加了15倍。美国中亚高加索研究所用"新鸦片战争"来形容中国当前的反毒斗争状况。[1] 据联合国2004年《世界毒品报告》提出，中国鸦片制剂约20%来自阿富汗[2]。这个数字在本身之外，更值得警醒的是阿富汗毒品走私入境的增长速度，因为2001年中国公安部宣布，中国鸦片制剂的95%来自东南亚。[3] 至少有三条主要路线可以把阿富汗毒品走私运入新疆：直接穿过瓦罕走廊；经过巴基斯坦转运；经中亚进入中国[4]。

---

[1] UNODC, *World Drug Report* 2004, p. 17, http：//www.unodc.org/pdf/WDR_ 2004/volume_ 1.pdf. Niklas Swanstroem, "The New Opium War in China: New Threats, New Actors and New Implications", in Niklas Swanstroem and Yin He, *Chian's War on Nacrotics: Two Perspectives*, Silk Road Paper, Dec, 2006, p. 13, http：//www.isdp.eu/images/stories/isdp-main-pdf/2006_ swanstrom_ he_ chinas-war-on-nacrotics.pdf.

[2] UNODC, *World Drug Report* 2004, http：//www.unodc.org/pdf/WDR_ 2004/volume_ 1.pdf.

[3] "Drug Problem Grows, Upsets Social Stability", *China Daily*, Feb. 10, 2001.

[4] "Afghan Opiates in China", p. 36, http：//www.silkroadstudies.org/new/inside/publications/Townsend_ 4.pdf.

在打击恐怖主义、极端主义和毒品等危害国家安全的问题上，中国在阿富汗的利益与俄罗斯几乎完全一致。

二　维护阿富汗和地区和平稳定

中国的发展和稳定需要安宁的国际环境，尤其是周边近邻。否则，一旦邻国陷入动荡并外溢，中国将是直接的受害者。阿富汗作为近邻，其和平与稳定直接关系到中国西部边疆地区的安全。在这方面，当前和未来一段时期，阿富汗存在如下三个方面的挑战和隐患：

● 在阿富汗积聚的各种跨国伊斯兰主义和激进主义力量，躲藏在阿富汗的分裂主义力量。

● 对华不友好的国家政府及其情报机构在阿富汗的哨点和代理人。在地缘政治意义上，阿富汗对中国的战略价值十分明显，加上它长期政治动荡，所以是各种反华力量比较理想的据点。生活在巴阿边境地区的分裂主义和恐怖主义力量可能与各种国际反华势力联手。阿富汗可能成为不友好国家制约中国的跳板。美国在阿富汗有永久军事基地，这一点俄罗斯和伊朗同样表示担心。

● 阿富汗政治舞台上复杂的大国博弈和国际斗争，考验着中国政府的外交智慧。稍有不慎便可能被既有矛盾所缠绕，比如印度—巴基斯坦矛盾、美国—俄罗斯矛盾、伊朗—美国矛盾、伊朗—沙特阿拉伯矛盾、巴基斯坦—美国矛盾、巴基斯坦—阿富汗矛盾等。特别要研究巴基斯坦因素对中阿关系的正反两方面作用。一方面，巴基斯坦是中国的全天候朋友，其在阿富汗的政治影响力首屈一指；另一方面，巴阿之间关系复杂，中国参与的和平进程启动以后，喀布尔政府一直希望中国能够对巴施加压力[①]。

---

① 2015年2月，中国—巴基斯坦—阿富汗三方战略对话首轮启动。

总之，中国必须设法在阿富汗复杂的国内政治、微妙的大国博弈、矛盾重重的地区国际关系中维护中南亚局势稳定，同时维护自己的利益。这是一项长期挑战。

三 保护和拓展海外投资利益，加强地区经济合作

不少分析人士特别强调阿富汗的矿产资源对中国的战略价值。的确，持续安全地获取能源和矿产资源，是中国经济长期可持续发展的前提。目前中国已是世界上最大的铁矿和铜矿金属消费国，能源和石油消费仅次于美国。阿富汗有丰富的油气和矿产资源。根据俄罗斯和美国的官方信息，阿富汗已探明原油储量为19亿桶，天然气储量为5万亿立方英尺，主要集中于阿姆河盆地。卢格尔省的艾纳克（Aynak）铜矿是亚欧大陆上最大的铜矿，位于巴米扬省的哈吉噶克铁矿则拥有超高品质的矿石[①]。

如果不考虑阿富汗当地的政治形势，它在经济方面对中国的战略价值不只是矿产资源，还包括投资、连通"一带一路"等多个方面：

● 中国在能源矿产资源部门的直接大规模投资。2007年11月，中冶—江铜联合体通过竞标获得艾纳克铜矿30年开采权，

[①] US Geological Survey, "USGS Projects in Afghanistan", http://afghanistan.cr.usgs.gov/minerals. 英国石油公司估计阿富汗有17亿桶原油储量。Masood Aziz, "Afghanistan: the Geopolitics of Regional Economic Integration", Norwegian Peacebuilding Resource Centre, Sept. 2012, p. 11. John C. K. Daly, "Afghanistan's Untapped Energy", UPI Analysis, Oct. 24, 2008. Olga Borisova, "Afghanistan: the Emerald Country", April 26, 2002, 转引自 Michel Chossudovsky, "The War is Worth Waging: Afghanistan's Vast Reserves of Minerals and Natural Gas", *Global Research*, June 16, 2010, http://globalresearch.ca/the-war-is-worth-waging-afghanistan-s-vast-reserves-of-minerals-and-natural-gas/19769。

次年5月正式签署采矿合同，合同投资金额为35亿美元①。铜矿储量估计为550万吨②。根据协定，中冶—江铜将投资开发一系列基础设施项目，包括给当地雇员及其家人提供住所、医疗、学校等设施和保障，在卢格尔当地修建一个饮用水供应系统，在喀布尔修建一个发电能力为400兆瓦的火电厂，铺设一条连通塔吉克斯坦的铁路，给当地人创造3500—4000个工作岗位等③。2011年，中石油获得在阿姆达利亚油气田的开采权，前期投资为4亿美元。④

● 作为中亚能源管线通道。2012年6月，中国与阿富汗同意修建连通土库曼斯坦、阿富汗北部、塔吉克斯坦和中国新疆的天然气管线。⑤

● 作为连通"一带一路"的桥梁。2013年5月，李克强总理在巴基斯坦提出建设中巴经济走廊。同年9月和10月，国家

---

① The Ministry of Mines and Industry of Afghanistan, "Minerals in Afghanistan: the Aynak Copper Deposit", http：//www. bgs. ac. uk/afghanminerals/docs/aynak_ a4. pdf.

② "Afghanistan's ＄1 trillion Mining Dream is Fading", Sept. 20, 2013, http：//www. mining. com/afghanistans－1－trillion－mining－dream－is－fading－62448/.

③ Fairness Oppinion on the Aynak Mining Contract, prepared by International Advisory Council on Sustainable Resources Development for Afghanistan, July 14, 2009, p. 17, http：//www. globalwitness. org/sites/default/files/library/Fairness% 20oppition% 20on% 20the% 20aynak% 20ming% 20contact. pdf.

④ 《中石油将建 TTAC 天然气管道》，中华人民共和国商务部网站，http：//af. mofcom. gov. cn/aarticle/jmxw/201206/20120608181190. html。这条管线被商务部和中石油简称为 TTAC 管线。

⑤ "China, Afghanistan in Strategic Partnership", *China Daily*, June 8 2012. "Framework for Construction of Turkmenistan Gas Pipeline via Afghanistan to Tajikistan and China Signed", Ministry of Mines, Islamic Republic of Afghanistan, http：//mom. gov. af/en/news/10587.

主席习近平在出访中亚和东南亚国家期间，先后提出共建"丝绸之路经济带"和"21世纪海上丝绸之路"的重大倡议。中巴经济走廊随即被纳入"一带一路"框架，作为"一带一路"的旗舰和样板，是连接"一带"和"一路"的桥梁。但实际上，中巴经济走廊要发挥桥梁作用，还需要阿富汗居间连通"丝绸之路经济带"。2011年，阿富汗—乌兹别克斯坦铁路已贯通运营。2013年6月，土库曼斯坦、阿富汗和塔吉克斯坦的跨境铁路已开工修建。加上前述伊朗—阿富汗铁路、公路网以及拟议中的阿富汗—巴基斯坦铁路，阿富汗作为中南亚大陆桥和战略通道的重要地位将日益凸显。

然而，现实的经济活动离不开大体安宁的政治环境。就此而言，阿富汗在经济方面对中国的战略价值是潜在的，其实现的前提是阿富汗政局稳定；否则，即使签订了投资合同也难以落实。阿富汗战争期间，美国政府曾以艾纳克铜矿为说辞，要求中国增加对阿富汗的政治和安全投入，把中国的"不热心"谴责为"搭便车"。对此，马歇尔基金会的安德鲁·斯莫尔另有观察。他认为，中国不愿意派兵参加美国领导的阿富汗战争的真正关键，并非在于中国是"搭便车"者，而在于中国在阿富汗的经济利益微乎其微。[1]

中国驻阿富汗使馆统计的几个数字可以说明中国当前在阿的经济利益。2013年中阿贸易总额为3.37亿美元，其中中国对阿富汗出口3.28亿美元，进口960万美元（主要是农产品和皮革）。截至2014年年底，中国累计对阿富汗非金融类直接投资5.14亿美元，主要涉及矿产、通信、公路建设等领域。驻阿中

---

[1] Andrew Small："Andrew Small on China's Role in Afghanistan"，Jan. 3，2012，http：//www.gmfus.org/commentary/andrew‑small‑chinas‑role‑afghanistan.

资企业 8 家，中方员工只有约 150 人①。显然，如果继续战乱，那么中国在阿投资项目的建设工作将无法展开，双边经贸关系难有重大突破。

第二节 2002 年以来中阿关系新发展

西方分析人士大多把 2011 年美国开始撤军作为中国—阿富汗关系发展的转折点。很显然，这种解读是以美国政策变化为本位和依据来衡量和观察中阿关系的典型例子，也是过去几十年人们习以为常的思维模式。

我们当然不能否认美国对中阿关系的影响。实际上，中国当前对外交往的一般状况是，中国同许多国家的双边关系中都存在美国因素，只是程度不同而已。毕竟中美都是全球性大国，美国的影响力几乎无处不在。尽管如此，我们不能以美国为风向标去认识中国同其他国家的双边关系，否则既不能真正处理好中美关系，也可能会把中国同其他国家的关系带入歧途。

中阿关系有自身内在的动力和节奏。地缘纽带把中阿绑在一起。冷战时期，中国国力弱小，无力他顾；四邻也更多聚集在美苏超级大国周围。21 世纪中国的国际经济地位大幅提升，同周围邻国的关系已经和正在发生重大变化。自 2001 年年底以来，中国积极支持阿富汗重建。十多年来，双方政治和经贸合作关系不断加强。因此，被西方分析人士强调的 2012 年中国政治局常委访问喀布尔，与其说是对美国的阿富汗政策调整做出回应，或意图乘美国撤军之机"填补真空"，不如说首先是中阿双边关系发展的一个环节。

换言之，无论美国因素如何重要，中阿关系首先是双边关

---

① 中国驻阿富汗使馆：《中阿经贸合作概况》，http：//af.china-embassy.org/chn/zagx/ztgk/t1097560.htm。

系，其核心基础是中阿两国政府对地区共同利益的关切，以及睦邻友好的政治意志。阿富汗战争期间，中国在双边和多边层面向阿富汗提供政治、经济和道义等支持，不断加强中阿合作。

一 中阿双边关系

塔利班下台以后，中阿关系迅速发展，往来密切。中国对阿富汗的援助不断增加，主要包括[①]：

● 2002年1月，阿富汗临时政府主席卡尔扎伊访华，中国向阿富汗提供3000万元人民币紧急物资援助，100万美元现汇。中国宣布在今后5年内将向阿富汗提供重建援助1.5亿美元。这1.5亿美元起初协议为两部分，一半无偿援助和一半优惠贷款；后来优惠贷款变为无偿援助，以这笔资金修复了帕尔万水利工程、援建喀布尔的共和国医院等项目。

● 2002年5月，中国外交部部长唐家璇访问阿富汗，签署了中国向阿提供3000万美元无偿援助的经济技术合作协定。

● 2002年11月，阿富汗临时政府外长阿卜杜拉·阿卜杜拉访华，中国向阿提供100万美元物资援助。

● 2003年，卡尔扎伊总统两次过境访问中国。中阿签署三个合作文件，其中包括中国向阿富汗提供1500万美元无偿援助的经济技术合作协定。

● 2004年，在阿富汗问题柏林国际会议上，中国宣布当年向阿提供1500万美元无偿援助，另为阿富汗大选提供100万美元物资援助，并免除阿富汗960万英镑债务。

● 2006年6月，卡尔扎伊总统访华，双方签署《睦邻友好

---

① 中国驻阿富汗使馆：《中国—阿富汗政治关系概况》，http：//af.china-embassy.org/chn/zagx/ztgk/t1097558.htm。《中阿经贸合作概况》，http：//af.china-embassy.org/chn/zagx/ztgk/t1097560.htm。《中国—阿富汗教育人文交往与合作》，http：//af.china-embassy.org/chn/zagx/ztgk/t1097559.htm。

合作条约》，发表联合声明，宣布建立全面合作伙伴关系。两国政府还签署了贸易和经济合作协定，中方给予阿278种对华出口商品零关税待遇。11月，双方签署《禁毒合作协议》。

● 2006—2007年，中国向阿提供1.6亿元人民币无偿援助。

● 2008年1月，喀布尔大学成立阿富汗首个孔子学院。① 6月巴黎"支持阿富汗国际会议"上，中国宣布向阿提供5000万元人民币无偿援助。

● 2009年，中国向阿赠送价值178.75万美元的清淤设备，提供价值3000万元人民币的小麦（8000多吨）无偿援助。两国签署矿业合作谅解备忘录。艾纳克铜矿正式开工。喀布尔共和国医院建设完成并移交给阿富汗。

● 2010年3月，卡尔扎伊总统访华，中国向阿提供1.6亿元人民币的无偿援助。双方签署换文，约定从当年7月1日起，中国给阿60%的产品提供零关税待遇。中国从2011年起每年为阿提供100名政府奖学金名额，同时为阿开设农业、卫生、教育、经贸、通信和禁毒6个培训班。6月，第一次中阿经贸联委会在昆明举行。

● 2011年，中阿签署若干援助协定。包括中国援建阿富汗科教中心项目、喀布尔大学中文系教学楼和招待所项目；援赠救护车、教学物资、办公设备和总统府物资等。中石油阿姆达利亚盆地油田项目正式签约。12月在阿富汗问题波恩会议上，中国宣布向阿提供1.5亿元人民币无偿援助。

● 2012年6月，卡尔扎伊总统访华，中阿发表联合宣言，同意建立战略合作伙伴关系。9月，双方签署了《中阿落实战略伙伴关系联合宣言的行动计划》，以及经贸、文教卫生、安全合

---

① 截至2013年10月，喀布尔大学孔子学院已招收5届共174名阿富汗学生。

作协定。中国完成帕尔万水利项目二期增项工程援建并移交。交接赠送阿卫生部的100辆救护车。阿对华出口产品的零关税优惠扩大到95%。

● 2013年9月，卡尔扎伊访华，双方发表《中阿关于深化战略合作伙伴关系的联合声明》，签署了《中阿引渡条约》《中阿经济技术合作协定》等合作文件。

● 2014年10月，阿富汗总统加尼访华，双方发表《中阿关于深化战略合作伙伴关系的联合声明》，宣布2015年为"中阿友好合作年"。中阿签署经济技术合作协定，中国向阿提供5亿元人民币无偿援助，并宣布在2015—2017年期间，中国向阿提供15亿元人民币无偿援助；2015—2019年期间，中国为阿富汗培训各领域专业技术人才3000名，提供500个政府奖学金名额。两国还签署了一系列经贸合作文件，包括援阿农业机械设备项目、共和国医院技术合作项目、共和国医院医护人员培训项目等。阿国家科技教育中心项目完成并移交。阿原产的对华出口产品97%享受零关税优惠。

值得一提的是，中国援助阿富汗的力度不可谓不大，但在方式和效果方面却不同于印度。打个并不完全贴切的比方，中国更多是在给阿富汗国家机器输血，而印度的着力点则是帮助阿富汗社会和国民经济恢复造血功能。

中国的援助中，对阿政府提供无偿资金赠予所占的比例很大，在民生项目和投资方面稍弱，因此还主要停留在高级政治（政府之间）和高级经济（比如债务免除、进口优惠）层面，即使是其中的文教卫生项目，也主要是针对精英（大学和专业人才）或者大城市居民（喀布尔共和国医院），没有深入阿富汗社会的底层。阿富汗是一个典型的农业社会，截至2009年，约80%的人口生活在乡村地区，他们缺衣少食，缺少基础设施和公共服务设施。这种不充分"接地气"的援助方式所产生的结果是，援助成本不低，但阿富汗普通民众不容易感受到。

如前所述，印度的无偿资金赠予只占其援助的小部分。其对阿援助主要集中于民生项目的建设，且深入社区和乡村，能让普通民众感受到印度援助的存在，成功地培育和显示了印度的软实力。不仅如此，印度对阿富汗的定位是"发展伙伴"，而不是"受援国"。这一点，值得我们认真研究和借鉴。

二 地区和多边平台上的中阿关系

中国积极参加阿富汗问题已有的多边机制，支持阿富汗的和平重建以及地区的稳定发展。除了联合国框架内各种机制，上述阿富汗问题柏林会议、伦敦会议、巴黎会议等多边会议之外，中国参加的多边机制主要还包括6+2机制（阿富汗的6个邻国加上美国和俄罗斯）、6+3机制（阿富汗的6个邻国加上美国、俄罗斯和北约）、亚洲之心进程、喀布尔进程等。阿富汗是上海合作组织的观察员国，阿富汗问题是上合组织的重要议程。

2014年10月31日，亚洲之心—伊斯坦布尔进程部长级会议在北京召开。不过，中国参与亚洲之心进程的热情似乎不如阿富汗其他5个邻国：前述亚洲之心进程的六大"信任培育"小组中，中国只参加了反恐和反毒两个小组。

美国在阿富汗战争期间不断敦促巴基斯坦"做更多"。其实它也希望中国做更多。它曾试图让中国加入阿富汗战争。它认为中美在维护阿富汗和地区和平稳定方面有共同利益，希望中国做出更多贡献。阿富汗战争期间，美国要求中国提供支持，并以"中美安全合作""负责任的大国""搭便车"等名号向中国施压。它提出的要求主要有三类：（1）要求中国派兵加入国际安全援助部队。但中国外交部表示，除非参加联合国安理会授权的维和行动，否则中国不会向海外派遣一兵一卒。（2）要求中国在中阿边境开放补给线，运送非军事物品，以支持北约在阿富汗的军事行动。鉴于阿富汗境内的瓦罕走廊没有必要的公路基础设施，所以开放边境的要求并不具有切实的意义，反倒有安全和战略风险，所以这一要求没有得到中国的许可。(3) 要求中国对巴基斯坦施加压力，早日促成阿富汗政治和解。①

实际上，作为阿富汗的邻国，中国对阿富汗和地区和平稳定有自己的理解，处理方式也不同于美国。应该说，美国发动阿富汗战争的初衷原本不是为了帮助阿富汗和地区实现和平，而是为了报复基地组织、惩罚其庇护者塔利班政权。在美国的阿富汗战略中，"阿富汗和地区和平"即便不是纯粹的道义说辞，最多也只是服务于"美国安全"利益目标的手段。为了国家安全，美国可以发动战争，可以对阿富汗施行外科手术式或地毯式的军事打击，以剿灭"敌人"为首要目标，而不必过多顾虑战争对阿富汗和本地区社会和政治生态的深远影响，因为它随时可以选择离开。

中国没有办法离开。在政治稳定和社会安宁方面，中国和周边邻国是"命运共同体"，中国在采取重大行动之前必须考虑其地缘政治后果，考虑阿富汗长期动荡可能对地区环境产生的影响。在这个意义上，军事行动只能是国家在危急存亡关头迫不得已的最后选择。

也就是说，美国主要是站在外部思考对阿富汗的战略，它的战略可以是一次性的，可以是权宜之计。中国则不同。中国和本地区各国都改变不了同阿富汗山水相连的地理现实。中国需要立足于地区命运共同体以及历史影响的连续性来考虑对阿政策。

---

① Li Xiaokun, "Nation Won't Send Soldiers to Afghanistan: Official", *China Daily*, March 25, 2009. "Wikileaks: Approaching China on the Northern Distribution Network", http://www.washingtonpost.com/wp-srv/special/world/wikileaks/supply/09state13026.html. Andrew Small, "China's Af-Pak Moment", *Policy Brief*, May 20, 2009. The German Marshall Fund of the US, http://www.gmfus.org/wp-content/blogs.dir/1/files_mf/galleries/ct_publication_attachments/Small_AfPak_Brief_0509_fina.pdf.

为此，阿富汗新政权建立之后，中国巩固阿富汗政治稳定的一个重要举措是，联手阿富汗其他所有邻国，营造有利于阿富汗新政权生存、和平、发展的地区环境。于是我们看到，美国在取得阿富汗战争初期的胜利后，把目光投向了伊拉克。中国则同阿富汗的其他5个邻国合作，把阿富汗纳入平等、合作的地区框架中。2002年12月，中国、阿富汗、塔吉克斯坦、乌兹别克斯坦、土库曼斯坦、伊朗、巴基斯坦7个国家共同签署《睦邻友好宣言》，表示尊重阿富汗的主权和领土完整，支持阿富汗和平与重建。2003年9月，七国签订《关于鼓励更紧密贸易、过境和投资合作的宣言》。2004年3月，七国签订《喀布尔睦邻友好禁毒宣言》。这些都是本地区直接相关的国家适应新形势、一道改善阿富汗国际政治环境的努力。

三 "一带一路"和"命运共同体"倡议对中阿关系的影响

没有任何国际关系是在真空中成长的，中阿关系也不例外。未来一段时间，中阿关系将受国际关系领域其他竞争态势的影响。两个事实决定了这一点：其一，中国的国际经济地位引人注目，中国在阿富汗的所作所为受全球关注，是世界大国全球竞争与合作的内在环节。其二，阿富汗历来就是大国博弈的舞台，世界大国之间、地区大国之间、世界大国同地区大国之间错综复杂的关系在阿富汗由来已久，不少国家在当地都有自己的代理人。

就此而言，中国的"一带一路"、与邻国共建命运共同体等倡议和行动对中阿关系的影响是两方面的，具有双重属性。一方面，这些倡议和行动是中阿发展建设双边关系的内生动力，有利于中阿关系的发展。另一方面，在依然盛行"零和"思维定式的国际政治舞台上，这些倡议和新观念可能会激发出不利于中阿关系的新变数；因为透过"零和"的棱镜，"一带一路"和"命运共同体"倡议很容易被竞争者解读为营造"势力范围"乃至占山为王的企图，可能会引来竞争者的各种阻挠和破坏，进而增加中阿关系的阻力。

在这方面，艾纳克铜矿项目过去几年的曲折遭遇①可能只是一个开端和缩影。就其本身而言，艾纳克铜矿项目是阿富汗历史上最大的单个投资项目，原本也是中阿经济合作的最大工程与亮点。② 但国际舆论并不关切该项目对阿国民经济和财政收入可能带来的重大收益，只聚焦于中冶的"国有企业"身份，把铜矿项目同中国政府的战略意图联系在一起，为此甚至有意屏蔽另一个基本事实：与中冶合资中标艾纳克项目的江西铜业股份有限公司是私人企业。

艾纳克项目中折射出来的挑战至少有四点，也是中国未来对阿大型投资所需要注意的：

第一，国际舆论通过道义谴责和舆论炒作抹黑中国。

2007年前后，国际舆论盛传中冶靠行贿3000万美元而夺标。媒体还指责说，中国吝啬于给阿富汗提供发展援助资金，却热衷于攫取阿富汗的自然资源。

---

① Peter Ford, "Why China Is Likely to Get More Invovled in Afghanistan", *Christian Science Monitor*, June 6, 2012. Brent Huffman, "Are Chinese Miners Destroying a 2,000 - Year - Old Buddist Site in Afghanistan?" May 17, 2012, http://asiasociety.org/blog/asia/are - chinese - miners - destroying - 2000 - year - old - buddhist - site - afghanistan - images. Jay Price, "Delay in Mine Project Shadows Hopes for Afghan Economy", http://www.mcclatchydc.com/2013/05/21/191854/delay - in - mine - project - shadows.html#.Ucx4yDTVAx1. Faryal Leghari, "Beginning of a New Great Game in Afghanistan", *Gulf News*, Oct. 6, 2012, http://gulfnews.com/opinions/columnists/beginning - of - a - new - great - game - in - afghanistan - 1.1085937. Erica Downs, "China Buys into Afghanistan", *SAIS Review*, Vol. XXXII, No. 2 (Summer - Fall 2012), pp. 65 - 84. Ashley J. Tellis and Aroop Mukharji (eds), *Is a Regional Strategy Viable in Afghanistan?* Carnegie Endowment for International Peace, 2010, p. 110.

② 《驻阿富汗大使徐飞洪率阿中资企业团考察埃纳克铜矿项目》, http://af.china - embassy.org/chn/sgxw/t1000214.htm。

第二，阿局势动荡和恐怖主义袭击，使工程建设困难重重；进展缓慢导致阿方不满。

2008 年 5 月，项目正式开始建设。2008 年 11 月初，铜矿建设基地遭到恐怖袭击。从 2008 年到 2012 年，在美国国防部每年的阿富汗安全形势评估中，艾纳克所在的卢格尔省始终是阿富汗八大或十大"不安全地区"之一。居民搬迁补偿、建设铁路和电站等先行附带项目实际上难以有效推进。及至 2012 年，卢格尔 80% 的地区被塔利班控制。[①] 2012 年 6—8 月，艾纳克数次遭塔利班火箭弹袭击，项目建设工作陷入停顿。

按照协议，艾纳克项目应该在签约 5 年内投产，如今已经完全不可能。从中国的角度看，项目建设面临的政治安全和基础设施困境都是客观的。但国际批评者不会考虑这一点。他们只强调项目没有如约推进，也没有如约给阿富汗创造就业机会和财富。项目文本承诺、当地民众预期、项目实际推进结果之间的这种差距，正在引起阿富汗民众的失望、抱怨和不满。

第三，中国企业保护文化古迹的技能和意识。

虽然生态环境保护暂时还没有提上阿富汗开发建设的议事日程，但阿富汗曾是佛教北传的重要通道，有众多历史文化古迹，这是中国未来在阿大型投资必须注意到的。2011 年，考古专家称，在艾纳克地区有大量珍贵的佛教壁画文物，世界银行专门投资 800 万元用于文物挖掘和保护，但挖掘工作进展十分缓慢。这也是项目建设进度延后的重要原因。

第四，美国抓紧为阿富汗矿业发展设立规则和法度。

在恐怖主义袭击和文物保护导致艾纳克项目实际停顿期内，世界银行和美国国际开发署积极出资，推动制定更高的阿富汗矿

[①] Gran Hewad, "Lack of Capacity and Capital: Is Afghanistan Under-Selling the Ainak Copper?", Aug. 25, 2012, https://www.afghanistan-analysts.org/lack-of-capacity-and-capital-is-afghanistan-under-selling-the-ainak-copper/.

业开发标准。世界银行专门拨款9200万美元用于支持"阿富汗矿业可持续开发研究"项目,美国国际开发署拨款8700万美元支持一个为期4年的"阿富汗可持续矿业投资和开发"研究项目,帮助阿富汗改进和加强矿业部门管理模式。这意味着,中冶—江铜联合体虽然开创了阿富汗单项投资规模之最,却没能抓住机会在当时基本空白的阿富汗矿业开发领域引领和确立实践标准。美国则与世界银行合作,以确立行业标准的方式,确保对阿经济及其未来发展道路的宏观把控,为各国在阿投资行为设立规则。

第三节 理解阿富汗的政治生态

从外部看,阿富汗自20世纪70年代起便陷入政治动荡、暴力冲突的泥潭。但立足于阿富汗自身的发展进程看,2001年它进入一个极为特殊的历史阶段:(1)外国以"正义"战争的方式推翻旧政权,建立一个全新的政治制度。虽然在阿富汗本土有反抗力量,但并没有像80年代那样,得到国际社会的公开一致支持。(2)过去十多年,美国及其领导的北约盟国在很大程度上主导着阿国内政治、安全和经济事务。2011年美国开始撤军以后,阿富汗再次面临一个全新的处境:在依靠外力整整十年之后,新生的民主政权必须学会自立。这其实是推崇独立自由精神的阿富汗人所向往的,但他们为此要面对若干严峻的客观困难和挑战。

理解阿富汗的政治生态至少有三个要件:喀布尔政府的战略目标、阿富汗的政治文化传统、大国政治的基本格局。

一 阿富汗政府的发展战略目标及其挑战

根据2008年阿富汗《国家发展战略(2008—2013)》[①],到

---

① *Afghanistan National Development Strategy* (2008 – 2013), Islamic Republic of Afghanistan, 2008, p. i, 全文可见 http://www.undp.org.af/Publications/KeyDocuments/ANDS_Full_Eng.pdf。

2020年的三大愿景是,把阿富汗建成为:(1)稳定的伊斯兰宪政民主国家,同国内力量和各邻国和平相处,在国际社会中享有完全的尊严。(2)宽容、团结和多元主义的国家。珍惜伊斯兰价值,每人都享有参与、公正和平等的权利。(3)充满希望的繁荣社会,以强大的私有制市场经济、社会平等、环境可持续发展为基础。

阿富汗政府的这些愿景反映了当今世界对"发展"的基本共识,除了其中的伊斯兰元素以外,其余内容适用于绝大多数国家。

《国家发展战略(2008—2013)》还提出三大战略支柱:

● 安全。全国稳定,巩固法律秩序,改善所有阿富汗人的个人安全状况。

● 良政、法治和人权。巩固民主实践和体制,改善人权状况,实现法治,改进公共服务,提高政府公信力。

● 经济和社会发展。减少贫困,确保可持续发展。发展私有制主导的市场经济,提高人类发展指数,在实现联合国千年发展目标方面取得重大进步。

《国家发展战略》明确指出,安全、良政、经济和社会发展同时也是国家发展战略的目标。和愿景一样,阿富汗发展战略的三大支柱也具有普遍性,国家和个人安全、良政、减贫和社会经济发展,是21世纪国际社会共同面临的发展任务。

但与此同时,阿富汗社会现实的特殊性又非常明显。她连续经受三十多年战火洗劫,百废待兴,新政权能力孱弱,反叛力量的暴力活动势头不减,前政权残余力量的政治地位待定,国家动荡不宁,国际国内政治力量交错勾结和对抗,根深蒂固的矛盾阻碍社会团结和统一。在这种状况下,阿富汗要实现上述目标,还有很长的道路要走。

为了适应美国撤军造成的新形势,阿政府在2012年提出未来发展规划:2012—2014年为过渡时期(Transition),2015—2025

年为变革时期（Decade of Transformation）。过渡时期的主要任务是：保持阿富汗稳定，逐步减少对外援的依赖，到2014年年底独立负担国家安全的责任，并主导国家和社会在政治经济方面进入"变革时期"的进程。这意味着，从2012年开始，阿富汗政府要同时在政治、经济和安全三个领域进行转型和变革的努力。近代以来的世界历史表明，对任何国家而言，单独一个领域的顺利和成功转型都相当困难。目前和未来一段时期，阿富汗则必须同时"三管齐下"，其难度之大、风险之高可想而知。

在经济方面。阿转型和变革将面临的重大挑战是：随着美国和北约撤军，西方国家将减少对阿富汗的资金援助，经济增长势头将随之减缓乃至停顿，因为阿富汗经济严重依赖外援，2002—2007年，外援在阿GDP中的比重平均高达40%。在外援的推动下，2007—2012年，按名义价格计算，阿富汗GDP保持两位数增长。如表4所示：

表4　　2006—2012年阿富汗国内生产总值（GDP）和消费价格指数（CPI）年均变化（%）[①]

	2006/07	2007/08	2008/09	2009/10	2010/11	2011/12	2012/13
GDP	9.5	24.1	19.8	16.4	14.2	13.2	12.1
CPI	5.1	9.8	10.2	7.2	6.0	5.4	5.0

2002—2014年，阿富汗总体保持了宏观经济稳定和增长态势。但是上述统计数字的第一推动力是外援。由于政局不宁，过去十多年，外援在阿富汗还没有转化为国民经济的自生能力，

---

① 这里的GDP不包括鸦片的产值。但必须说明，鸦片经济在阿富汗经济生活中是一个重要的存在，不少人依靠种植、贩卖、运输鸦片为生。2007年鸦片产量同比增长34%，对阿富汗经济、社会和政治局势以及地区国际关系的影响深远。表格数字来自 *Afghanistan National Development Strategy* (2008–2013), Islamic Republic of Afghanistan, 2008, p.40。

没有转化为阿内生性增长机制，因而不具有内在的可持续性。这是阿富汗经济的脆弱之处，也是 2014 年以后阿政府面临的重大挑战。

在政治方面。除了塔利班和其他反政府力量的挑战，以及跨国极端主义和恐怖主义的破坏活动以外，阿富汗新生的民主政权自身也面临内部矛盾的冲击。换言之，阿富汗政权实际面临内外两个方面的挑战：在外部，各种反政府力量将不会轻易随美国撤军而鸣金收兵，同政府和解；在内部，民主政权的拥护者和参与者将会围绕政治权力展开激烈争夺。在阿富汗的政治文化背景中，同民主选举相联系的争夺不同于西方社会的民主竞选。这从 2014 年 4—8 月阿富汗轰轰烈烈的总统选举舞弊案争议中可见一斑。

当前联合政府本身就是潜在的矛盾冲突源头。2014 年 9 月在美国斡旋下，加尼和阿卜杜拉双方达成妥协，建立了联合政府，加尼担任总统，阿卜杜拉担任首席执行官（CEO）；内阁职位也在两人之间分配。但是矛盾和问题并没有真正得到解决。联合政府近期面临的挑战包括：（1）阿富汗宪法中没有"首席执行官"这个职务。按照规定，阿富汗总统应在两年内召开大支尔格会议（Loya Jirga），修订宪法，明确首席执行官的职责权限。否则"首席执行官"和现政府将失去合法性。但是，迟至 2017 年 3 月，这个问题还未解决。姑且不论加尼是否愿意召开大支尔格会议，在阿富汗这样一个深刻分裂的社会，修宪本身极为困难。更现实的政治风险是，包括塔利班在内的一些强大政治和武装力量至今仍拒绝承认现行宪法的合法性，修宪行为可能引发宪法本身的危机。（2）加尼和阿卜杜拉分配政权乃是权宜之计，是外部力量介入确保民主体制存续的产物。现在，联合政府虽然建立起来了，但"双头政治"给未来中央政府的运转和行政管理留下诸多隐患。2016 年春天，两人矛盾一度公开化。其实，中世纪欧洲的政治史早就表明，双头政治不利于稳定的政治秩序。

尽管如此，如果阿富汗现行宪政体制不发生根本改变，阿未来十年内的战略重点和难点将集中于以下四个方面：

1. 保持国家领土主权的统一和完整

这是1919年阿富汗独立以来历届政府始终坚守的原则，是苏联和美国在阿富汗遇挫的关键所在。但历史表明，阿富汗人很容易团结一致抵抗外敌，却难以在国内政治生活中和平共处。

当前和未来十年，阿富汗国家领土主权的重大挑战存在于内外两个方面：

（1）内部主要是族群/部落矛盾

族群矛盾的激化和恶性循环，可能导致各自按地区高度自治，使喀布尔政府成为"名义"主权者，中央失去对大多数地区的控制。极端情况是国家分裂。早在2012年，已有分析人士在展望撤军后局势时提出，阿富汗有可能分裂为塔利班控制的地区与喀布尔控制的地区，或者出现军阀割据的碎片状态。[①]

卡尔扎伊政府注意到了这一点，设法在各方面加以平衡和防范。《阿富汗国家发展战略》特别强调，在建设阿富汗国民军（ANA）和国家警察（ANP）、发展教育等方面注意"族群间平衡"和"平等"，还把"处理族群间关系的能力"作为政府能力建设的重要内容，[②] 强调难民安置过程可能因族群间矛盾引发

---

① Andrey Ilyashenko,"Post – 2014 Afghanistan Faces A Long Period of Chaos", http：//indrus. in/world/2013/10/31/post – 2014_ afghanistan_ faces_ a_ long_ period_ of_ chaos_ 30491. html. Kathy Gannon,"Afghan Army Remains Far From Ready to Go it Alone", http：//www. pakistankakhudahafiz. com/2012/08/05/afghan – army – remains – far – from – ready – to – go – it – alone/.

② *Afghanistan National Development Strategy* (2008 – 2013), Islamic Republic of Afghanistan, 2008, pp. 55, 70, 113, http：//www. undp. org. af/Publications/KeyDocuments/ANDS_ Full_ Eng. pdf.

冲突。①

要化解族群矛盾非常困难。族群/部落政治在阿富汗根深蒂固，始终是对喀布尔政权的考验。18世纪魅力型领导人杜兰尼国王也主要依靠收买、贿赂或联姻方式，换取部落首领的合作与支持。经过1992—2001年的内战之后，受当前世界尤其是巴基斯坦教派暴力冲突的影响，阿富汗族群矛盾有可能进一步激化。

（2）外部力量干预和插手

大国在当地寻找代理人并通过代理人相互斗争，是阿富汗政治史的一个典型现象，人民民主党政权和穆贾西丁政权就是在外力的直接或间接干预下倒台的。2002年以来，卡尔扎伊政府不断指责巴基斯坦支持塔利班和其他反喀布尔力量。卡尔扎伊政府官员还说巴图谋分裂阿富汗。西方媒体也趁机搅水，指责伊朗鼓励阿富汗部落、族群和教派分裂，鼓励哈扎拉人独立，等等②。

无论出于什么动机和目的，外国操控阿富汗代理人都是对阿富汗主权的侵犯。但自1979年以来，喀布尔中央政府对此一直都无能为力。

---

① *Afghanistan National Development Strategy* (2008 - 2013), Islamic Republic of Afghanistan, 2008, p. 142, http：//www. undp. org. af/Publications/KeyDocuments/ANDS_ Full_ Eng. pdf.

② Stephen Carter, "Iran's Interests in Afghanistan and Their Implications for NATO", *International Journal*, Vol. 65, No. 4 (Autumn 2010), pp. 977 - 933. "Iran in Afghanistan, friendly foe", Afghanistan News Centre, July 6 2007, http：//www. afghanistannewscenter. com; Zalmay Khalilzad, "Afghanistan Deal Faces Many Hurdles", *Washington Post*, http：//www. washingtonpost. com/opinions/afghanistan - deal - faces - many - hurdles/2013/07/25/0f7b565c - f476 - 11e2 - a2f1 - a7acf9bd5d3a _ story. html.

2. 努力实现民族和解，建立并维持政治秩序

这是当前和未来 10—20 年阿富汗政府面临的首要现实问题。问题的复杂性在于：和解同阿富汗现行宪法以及新政权的合法性直接相关。2010 年和平进程启动以来，绝大多数坎坷的症结都在于塔利班拒绝接受现行宪法，拒绝直接同卡尔扎伊政府的代表对话。卡尔扎伊总统坚持主张政治和解。他执政不久就提出要与塔利班和解，后来专门组建了阿富汗高级和平委员会（HPC），在外交和内政方面可谓不遗余力，但效果并不明显。直到卸任之时也没能得到塔利班核心力量的积极回应。

2014 年 6 月第二轮总统选举候选人之一的加尼是普什图人，没有卷入阿富汗内战和塔利班政权，曾参加波恩会议协力组建阿富汗新政权。他被阿富汗媒体认为有望同塔利班启动谈判实现和解。而加尼在选举期间特地凸显自己作为普什图人的身份，在自己的姓名后面附加了部落名字阿赫迈德扎（Ahmadzai），有分析人士认为这是为了争取更多选票，因为族群政治无处不在。① 另一名总统候选人阿卜杜拉·阿卜杜拉则明确反对与塔利班和解。假如新政府内部尚且不能就和解达成统一认识，那么未来阿富汗和解之路将依然荆棘丛生。

国际社会的广泛共识是，阿富汗建立政治秩序的唯一出路是实现政治和解。然而，如何实现和解的问题不会因为国际社会的原则共识而自然得到解决。近年来，美国是阿富汗和解进程的推动者，但它的努力也未见效。实际上，美国与阿富汗的政治文化差异很大。在美国社会，包括法律在内的各种制度在很大程度上可以容纳和规制各种政治力量，各方可

---

① Omar Samad, "My Vote Goes to...", *Tolo News*, June12, 2014, http://www.tolonews.com/en/blogs-a-opinion, Maryam Baryalay, "Ashraf Ghani and Abdullah, a Brief Comparison", *Tolo News*, June12, 2014, http://www.tolonews.com/en/opinion/15225-ashraf-ghani-and-abdullah-a-brief-comparison.

以通过谈判和分享权力来避免暴力流血冲突。但在阿富汗的政治文化中，不满者和反抗者总是倾向于拿起武器进行暴力斗争。喀布尔政权对反叛力量及其暴力活动从不陌生。过去四十年它一直遭受这类攻击和挑战。达乌德政权和人民民主党政权都尝试过软硬兼施的办法，没有成功。塔利班政权曾尽全力试图压服北方联盟，也未如愿。2014年选举说明，作为西方民主选举保障的"赢家通吃"原则，在阿富汗难以推行；第二轮投票后，加尼和阿卜杜拉都相互指责对方舞弊，阿卜杜拉不愿意认输，加尼也坚持捍卫获胜的地位。可见，在阿富汗，举行民主选举是容易的，让选举结果具有政治和法律效力却不那么容易。

阿富汗和解进程还面临一个问题：谁居于主导地位？在公开场合，各国都说支持"阿富汗主导"。但塔利班的"选择"所造成的实际局面则是：2010年以来，卡尔扎伊政府的努力遭遇美国和巴基斯坦的竞争；三个国家都试图主导同塔利班和解的进程。

3. 确保国家的经济生存，增强经济自立性，消除贫困

过去十多年阿富汗经济社会发展取得重大成就。根据联合国2000年和2014年的《人类发展报告》，2000—2013年阿富汗人口预期寿命从45.5岁延长到60.9岁，人类发展指数（HDI）从0.341提高到0.468。根据世界银行和美国国际开发署的数字，2003—2012年，阿富汗GDP增长率平均达到9.4%，人均GDP从2002年的186美元增加到2012年的688美元，国家预算支出同期从3.46亿美元增加到49亿美元。2001—2013年，中小学校注册人数从100万人增加到920万人。2001年时基本没有女孩子上学，2013年有360万女学生在校。2014年高等学校注册学生总数的20%为女性，女性创建和拥有的公司企业总共有3000多家，妇女受教育水平和社会经济地位大大提高。2002年阿只有6%的人能够用电，几乎没有手机，但2014年阿电网覆盖人口已经达到18%，全国手机网络普及率超过90%。①

但世界银行认为，阿富汗经济和社会发展面临诸多严峻挑战，主要包括②：

● 国民经济高度依赖外援。2012年GDP的外援依赖率高达47%。

● 就业压力巨大。每年需要创造40万个就业机会。

● 贫困人口高达36%。婴儿死亡率居世界第一，成人识字率仅为25%。鸦片生产呈上升趋势，2013年同比增长49%，达5500吨。

● 安全和稳定方面的诸多不确定性，影响发展预期。

近期最大的问题是资金短缺，没有自主生存能力。2012年东京会议上，相关国家对援助和支持阿富汗经济增长做出承诺，但舆论普遍认为，2014年以后喀布尔所能获得的外援将大大减少，外国驻军带动的服务业急剧萎缩，阿富汗经济可能崩溃。③

---

① UNDP, *Human Development Report* 2000, p. 268. UNDP：*Human Development Report* 2014, http：//www.undp.org/content/undp/en/home/librarypage/hdr/2014 – human – development – report.html. "Afghanistan：Transition to Transformation Update", JCMB Meeting Jan. 29, 2014, The World Bank, http：//www.worldbank.org/content/dam/Worldbank/document/SAR/afghanistan/AF – JCMB – meeting – jan – 29 – 2014 – presentation – english.pdf. USAID Engagement in Afghanistan：2014 and Beyond, https：//www.usaid.gov/sites/default/files/documents/1871/2014 – 02 – 10 _ EngagementAfghanistan2014Beyond.pdf.

② "Afghanistan：Transition to Transformation Update", JCMB Meeting Jan. 29, 2014, The World Bank, http：//www.worldbank.org/content/dam/Worldbank/document/SAR/afghanistan/AF – JCMB – meeting – jan – 29 – 2014 – presentation – english.pdf.

③ 西方媒体这类舆论几乎随处可见。阿富汗媒体也持类似观点，比如Suleman Fatimie, "Afghanistan's Economy, A Victim of Politics", *Tolo News*, Feb. 14, 2013, http：//www.tolonews.com/en/opinion/9454 – afghanistans – economy – victim – of – politics。

阿富汗有吸引外资的矿产资源。但由于缺乏安全的投资环境，自然资源难以转化为实际财富和发展机遇。迄今为止，阿在经济生存和政治秩序、国家安全之间，还没有建立良性互动。在一定程度上，甚至可以套用发展经济学著名的"贫穷的恶性循环"理论来描述当前及未来三五年阿富汗的状况：一种政治动荡的恶性循环。也就是说，没有安全稳定的政治环境，不能吸引外国投资，或投资不能迅速带来经济效益；而如果没有大量外资注入，阿富汗政府又缺乏资金，就不能推动经济社会发展；经济不发展，社会秩序难以确立。如此形成一个循环。其支系则是：在一些贫困的农村地区，毒品种植是唯一的经济来源，不少贫苦的穷人会为了生计而追随塔利班；毒品和塔利班会加剧政治动荡。

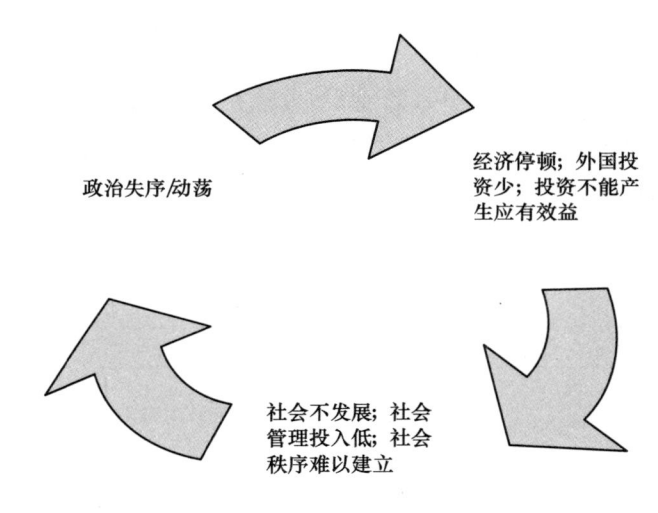

图 10　政治动荡的恶性循环

4. 在地区和国际事务中发挥重要作用

2004 年宪法规定，阿富汗政府要"为阿富汗重新谋取在国际社会中的适当地位"①。卡尔扎伊总统在第二任期内积极发展

---

① *The Consititution of the Islamic Republic of Afghanistan*, Jan. 26, 2004, p. 1.

同世界各国的关系，取得堪称卓越的成就。当前，阿富汗已成功地同许多国家扩大了政治联系，并同印度、阿联酋、美国、中国、伊朗等国签署了长期合作条约或战略伙伴协定。世界大国和地区主要国家都不同程度地参与阿富汗重建进程。

毒品和伊斯兰激进主义被世界上绝大多数国家视为安全威胁。阿富汗政府是否愿意以及有能力在这方面与国际社会有效合作，将会直接影响其同相关国家的关系。塔利班的"好""坏"之分，在阿富汗国内争论已久，目前还看不到达成共识的可能性。激进伊斯兰主义同极端主义、恐怖主义之间的界限依然模糊不清。在打击毒品方面，阿富汗国内也没有真正共识：阿富汗有越来越多的头面人物卷入毒品产业中，特别是跻身于政界的某些前军阀，也参与制造和走私毒品。[1] 这些都不利于阿富汗的国际形象。

尽管外部世界对阿富汗的总体印象是动荡不宁，没有基本的安全和秩序，但全国34个省所面临的最紧迫任务不尽相同。根据阿富汗的《国家安全发展战略（2008—2013）》，优先目标的省区分布状况是：

表5　　　　　　　阿富汗社会发展优先目标的省区分布[2]

首要目标（最紧迫任务）	省份数量
安全	17
基础设施建设	5
教育	4
就业	3
公路建设	3
农业发展	2
良政	1

---

[1] *Afghanistan National Development Strategy* (2008 – 2013), Islamic Republic of Afghanistan, 2008, p. 43, http：//www. undp. org. af/Publications/KeyDocuments/ANDS_ Full_ Eng. pdf.

[2] Ibid. , p. 23.

二 阿富汗的政治文化环境

阿富汗政府谋求稳定、和平与繁荣,与中国在阿富汗的利益一致。但是,两国政府搭建的关系框架和协定文本能否真正产生实效,还有赖于实践。意愿转化为协定和计划是容易的,但协定计划同真切落实之间并不总是同步,特别是如果不顾当地政治文化传统而一厢情愿地付诸行动的话。在这方面,苏联和美国在阿富汗都有惨痛的教训。

阿富汗传统政治文化的基本特点如下。

1. 反对外部控制的独立精神

这是阿富汗人在饱受外族入侵的历史中铸就的民族性格。确保独立不受侵害,是普什图法则的重要内容之一①。阿富汗人的独立精神具有双重历史功能:

● 使外部力量难以真正实现对阿富汗国家和社会的操控。19世纪英国以两场战争的代价勉强取得对阿富汗外交事务的主导权,但内政依然主要依靠喀布尔和地方部落权威来经营,且给予他们相当大的自主权。苏联驻军阿富汗,但在喀布尔等大城市中心以外的地区没能建立起稳定的权威。塔利班政权也没有完全听令于巴基斯坦,伊斯兰堡最焦虑的杜兰线问题并未得到解决。卡尔扎伊虽然被指责为美国的傀儡,但却多次以十分激烈的方式公开反抗美国的意志,甚至称美国为"占领军",还曾威胁说如果美国再紧逼,那么自己将要"加入塔利班",等等。

● 基于阿富汗国内错综复杂的社会政治关系,其部分力量容易成为外国在阿的政治工具,但是工具使用者和工具之间绝非纯粹单向的"使动—被动"关系,而是相互作用的关系;工具对工具使用者有反作用力,其中包括塑造使用者的某些行为习惯。当工具是活生生的人的时候,工具和工具使用者之间必

---

① 沙伊斯塔·瓦哈卜、巴里·杨格曼:《阿富汗史》,第14页。

然是相互利用的关系。因此，代理人和掮客是阿富汗政治生活的重要行为体，他们一方面代言其委托人的利益，另一方面也借机谋求自己的利益。他们周旋于不同的委托人之间，借力打力（所谓对冲），收四两拨千斤之效。19世纪英国和沙俄之间、20世纪后期美国同苏联之间，都曾利用阿富汗政治力量相互斗争，但也不乏被阿富汗政治力量所利用的情况。2001年以来的塔利班现象则更加复杂，有人认为他们是"被竞争性的外部力量用于反对美国"[1]，但他们对美—巴—阿—印之间错综复杂关系的利用也是显而易见的。

在可预见的将来，阿富汗不会完全从属于任何一个外部力量，但各种代理人及其相互斗争将长期继续存在。

2. 族群/部落、宗教权威与喀布尔中央政权并行

从1747年建国算起，阿富汗很少有自上而下行之有效的中央集权式统治，喀布尔政权始终与地方和部落权威并行；脆弱的中央政府和统治者更多依靠对部落和宗教领袖做出妥协让步来维持政治统治。阿富汗内政部前副部长指出，喀布尔政权、地方部族领袖和宗教领导人，是阿富汗政治权力的三大支柱，"如果这三大权力支柱之间失衡，阿富汗政府就会失败，社会陷入动荡"[2]。

在日常生活中，对阿富汗百姓而言，族群/部落身份和教派归属，比阿富汗国家认同更加重要。特别是在战乱、灾荒和中央政

---

[1] Scott Stewart, "Millitancy and the US Drawdown in Afghanistan", http://www.stratfor.com/weekly/20100901_militancy_us_drawdown_afghanistan?utm_source=SWeekly&utm_medium=email&utm_campaign=100902&utm_content=readmore&elq=abba79b1183a4c569417e96125909255.

[2] 这是阿富汗内政部前副部长（2003—2005年）沙马赫穆德·米亚克的观点。详见 Shahmahmood Miakhel, "The Importance of Tribal Structures and Pakhtunwali in Afghanistan", p. 20, http://www.pashtoonkhwa.com/files/books/Miakhel-ImportanceOfTribalStructuresInAfghanistan.pdf。

府瘫痪的时候，族群部落（qawm）往往能够保护普通民众。实际上，今天常说的"阿富汗人"这个概念，迟至1964年才出现在阿富汗宪法中：1964年9月讨论制定新宪法时，阿富汗政府和大支尔格会议才第一次提出，要用"阿富汗人"一词来统称所有的居民，代替之前使用的族群身份[1]。族群/部落忠诚和教派认同今天依然无处不在，包括军队和政府机构也不例外。这是塔利班在阿富汗南部和东部地区拥有强大基础的重要原因。

因此，不能过于理想化地看待喀布尔中央政府的行动力和权威。阿富汗社会中真正根深蒂固的权力者是地方权威和宗教领袖，他们掌控着民众的忠诚，以各种方式同塔利班、军阀、毒枭和喀布尔政治家联系。喀布尔政权同地方、教派权威的关系，传统上主要依靠两大途径来维持：一是各方对传统习俗规则（特别是普什图瓦里）的自觉遵守；二是喀布尔政府给地方权威提供资金支持。这些约束都是软性的。

族群和部落作为阿富汗社会核心纽带的地位，迄今从未被超越，国族主义和伊斯兰主义在阿富汗都未能真正弥合族群和部落界限。在可预见的将来，也难有真正长期有效的替代品。

3. 普什图人长期主导阿国家政治生活

普什图人是阿富汗第一大人口群，如果阿富汗民主体制得以存续，这无疑是一大权力资源。但实际上，普什图人的统治地位与一人一票的选举制度无关，而是阿富汗政治的一大传统和典型特征。自1747年建国以来，阿富汗国家首脑职位只有大约八年的时间不在普什图人手中[2]。

---

[1] 沙伊斯塔·瓦哈卜、巴里·杨格曼：《阿富汗史》，第139页。

[2] 1929年在位10个月的哈比布拉·卡拉坎尼是塔吉克人。人民民主党领袖卡尔迈勒（1979—1986年在位）的父亲是塔吉克人，母亲则是普什图吉尔扎部落成员。2014年阿富汗总统大选前，俄罗斯学者伊凡·萨弗兰丘克到访北京大学国际战略研究院时，预言阿卜杜拉·阿卜杜拉博士不可能当选总统，因为"普什图人不会答应，他有一半塔吉克血统"。

普什图人有三大突出特点：

● 虔诚信仰伊斯兰教。绝大多数普什图人为逊尼派，过去四十年在信仰和政治价值观方面受巴基斯坦迪欧班德派影响较大，但苏菲传统在广大农村地区依然比较常见。

● 普什图人不是铁板一块，内部分为众多部落，阿富汗境内主要的大部落联盟有杜兰尼和吉尔扎，每个部落下面又有若干宗族集团，各有自己的权威和领袖。在民族整体层面，普什图民族认同和民族主义已有一定基础，20 世纪中叶集中表现为普什图尼斯坦运动，但塔利班兴起后，世俗普什图民族主义的力量相对下降。

● 普什图社会有两个同等重要的支柱，一是伊斯兰教，二是在伊斯兰教传入之前早已确立的"普什图法则"（Pushtunwali，又称"普什图瓦里"）。在普什图人集中居住地，比如杜兰线两侧，阿富汗和巴基斯坦两国的宪法和现代法律几乎形同虚设。

由于普什图人在阿富汗社会政治生活中的主导地位，普什图瓦里的核心内容可说即为阿富汗传统政治文化的内核。根据阿富汗内政部前副部长的归纳，普什图法典的基础是"平等"（Seyal）和"平等竞争"（Seyali，Gundi，Competition）。普什图瓦里的四大核心基石是平等、竞争、保护私有财产（Namus）[1]、荣誉和尊严（Ezzat）。此外还有其他一些重要法则包括：恩仇必报（Badal）、族群部落友爱和忠诚（Qawmi Taroon）、给乡邻和外来求助者提供无私帮助（Hamsaya）、通过支尔格解决问题（Jirga）、宽恕（Nanawati）等。支尔格、舒拉或基层政府的核心职责就是确保落实这些普什图瓦里。[2]

---

[1] 在普什图瓦里中，家庭女性成员和资产都属于私有财产，确保私有财产的安全，是普什图成年男子尊严与荣誉的重要内容。

[2] Shahmahmood Miakhel, "The Importance of Tribal Structures and Pakhtunwali in Afghanistan", p. 2, http：//www.pashtoonkhwa.com/files/books/Miakhel – ImportanceOfTribalStructuresInAfghanistan.pdf.

4. 喀布尔政权的合法性危机尚未解决，大国政治令局势更加复杂

阿富汗民众深受战争之苦，政府和媒体用各种方式表达对和平安宁生活的向往。但阿富汗伊斯兰共和国政权的合法性危机迄今还存在。其根源在于现政府及其宪法基石是美国通过战争推翻前政权以后确立的。新宪法和新政权摒弃了塔利班时期的伊斯兰教法统治道路，与1978—1992年人民民主党政权有本质区别，也不同于1978年之前的君主立宪和更古老的王朝体制。在某种意义上可以说，阿富汗当前的政治制度部分体现和仿效了美国的政治理念和制度模式：议会民主、总统制。2002年至今，阿富汗一直处于艰难而脆弱的制度转型状态；2014年美国北约撤军后，现政权将面临更多严峻挑战。

既然不能通过战争和强力驯服政权的反叛者，那么唯一有效出路就是政治和解，即阿富汗国内各派政治力量通过谈判达成具有普遍约束力的协定，由世界和地区大国共同保障协定的执行。然而，阿富汗现政权的不幸正在于，普什图法则强调平等竞争和恩仇必报，大国则各怀心思而来，插手阿富汗事务，让矛盾更加复杂难解。

2002年以来，卡尔扎伊政府巧妙地周旋于巴基斯坦、印度、伊朗、沙特阿拉伯、俄罗斯和美国之间。敌对国家之间的矛盾冲突，没有因为阿富汗重建议程而得到缓解，相反，阿富汗为印度—巴基斯坦、美国—伊朗、伊朗—沙特阿拉伯、美国—俄罗斯等双边竞争关系提供了新的政治舞台；敌对国家纷纷利用同阿富汗的关系和阿国内复杂的政治构成，通过新的方式和代理人，延续原有的对抗，令阿富汗动荡的政局雪上加霜。[①]

阿富汗要实现政治秩序和稳定需要三个不可或缺的因素：

---

① Anonymous, "Afghanistan and the Capacity to Exploit International Agreements", *Hasht-Sobh Daily* (Kabul), April 13, 2013, BBC Monitoring South Asia.

合法有效的喀布尔中央政府拥有捍卫政治秩序与和平的政治意志和能力；阿富汗地方族群部落和教派领导人支持喀布尔政权；外部力量（世界和地区大国）建设性地参与和协力。当前这几个因素都不确定，所以前途不甚明朗。

第四节 阿富汗大国政治的基本格局

应该说，"大国政治"是观察和理解阿富汗政治局势的若干主要角度之一。本书试图通过"大国政治"这条主线，把阿富汗的政治历史串联起来。

在讲述完历史事实之后，需要回答的问题是：阿富汗为什么会成为大国政治的舞台？阿富汗的这个"宿命"对中国来说意味着什么？

一 阿富汗大国政治的成因

首先必须说明，成为大国政治舞台并非阿富汗自己的选择。实际上，阿富汗甚至没有"拒绝"成为大国政治舞台的权利和力量。就此而言，阿富汗的大国政治是大国政策的产物，与阿富汗国家和人民的意志无关。在阿富汗历史舞台上，大国不仅有全球性大帝国、超级大国，还包括地区大国。毕竟，就自然体量和经济实力而言，阿富汗迄今在世界和地区两个层面都还算弱小国家。

阿富汗常被称为"帝国的坟墓"。从亚历山大、成吉思汗到近现代的英国、苏联和美国，都没能在这片土地上建立真正的统治秩序。阿富汗人宁死不屈的抵抗精神是重要原因。另一个同样重要的原因则是大国政治自身，即大国之间的较量和争夺。实际上，在阿富汗这个具有特殊地缘战略价值的政治舞台上，极少上演独角戏。即便某个大国临时确立了在阿富汗的权力优势，也会立即引发两大力量的反攻：一是阿富汗民众的反抗，二是该大国的国际对手的制约。这两种力量在保障阿国家独立的同时,也给阿社会安宁和政治稳定带来了结构性的改变和几乎不可逆的深刻伤害。

阿富汗成为大国政治舞台的问题,涉及大国主体的战略目标和策略偏好、其相互关系、盟友和可用资源等核心变量,因历史时期和具体大国而各不相同。综观近代以来的阿富汗历史,可以抽象出如下三点原因:

第一,近现代国际体系的无政府状态,以及"大国谋求最大限度地占有世界权力"的内在逻辑,是大国政治的根本成因。大国追求生存安全和霸权,彼此畏惧,相互怀疑和防范,"都认为其他大国是潜在的敌人"[1],因而设法尽力谋求本土安全和海外相对优势。无论言辞多么动听,但在无政府的国际政治实践中实际不存在真正的"主权平等",大国常常把自己的主权意志强加于弱国。因此,一旦若干大国的地缘政治和经济战略在某地相遇,以相对优势、权力/利益最大化为核心内容的大国政治就会发生。就此而言,大国政治有其内在逻辑,阿富汗只是大国政治在世界上的若干舞台之一。

第二,阿富汗国力弱小,同时地处战略要冲,是其成为大国政治舞台的客观原因。地缘政治学家一再强调欧亚大陆核心区对世界霸权的战略重要性,伊克巴尔称阿富汗为"亚洲的心脏"。19—20世纪,大国霸权多次在阿富汗交会。21世纪初,阿富汗作为毒品产地和跨国激进极端主义、恐怖主义力量的集散地,加上储量丰富的战略矿产资源,其战略价值有增无减,大国政治的内容更丰富,策略也更多样化。

第三,阿富汗政治、社会结构和文化的核心特点,即中央权威虚弱、社会四分五裂、极富反控制的独立精神等,是大国

---

[1] 约翰·米尔斯海默:《大国政治的悲剧》,王义桅、唐小松译,上海人民出版社2003年版,第4—45页。

政治在阿富汗长期延续的重要原因。中央权威虚弱和社会的分裂，为大国竞夺提供机遇、抓手乃至代理人和盟友。而阿富汗人坚决反抗外部控制的独立精神，使大国难以确立起真正的霸权，这为阿富汗赢得"帝国坟墓"的名声，同时也使大国间争斗得以延续。

需要说明的是，大国政治与阿富汗政治进程持续互动，相互塑造。一方面，大国政治不是阿富汗的主动选择，而是其历史命运，大国政治加剧了阿富汗社会的分裂。另一方面，长期身处大国竞夺的环境，阿富汗已进化出一套生存适应的政治本能：民众反控制的独立精神是其中之一。在"高级政治"层面，阿富汗政府历来善于利用大国关系纵横捭阖，依靠大国竞相提供的资源和帮助谋求发展；1747—1880年、1919—1978年的历史充分说明了这一点。

二 当前阿富汗大国政治的基本特征

经过历史沉淀，阿富汗大国政治形成了一些稳定特质。当前，在地区和世界国际环境以及相关国家战略策略的作用下，阿富汗大国政治的基本格局至少有如下五个特征：

第一，多个主体在阿富汗为地缘政治经济利益和意识形态而较量。

当前活跃在阿富汗大国政治舞台上的，既有世界大国，也有地区大国，呈现出群雄竞争的结构。各国间的斗争方式略有变化，但代理人传统还不同程度地存在；大国对抗在阿富汗舞台上部分投射为代理人斗争乃至内战。反过来，阿富汗政治力量间的斗争也影响大国关系，促成了大国之间的一些重要合作。美国在阿富汗战争初期得到俄罗斯和伊朗的大力支持，各国在反恐、反毒方面的合作等，都说明了这一点。

地区大国在阿富汗的较量带有意识形态色彩。沙特阿拉伯热衷于支持世界绝大多数逊尼派力量。巴基斯坦迪欧班德派是塔利班的思想支柱和组织摇篮。伊朗则长期以保护什叶派为己任，印度和俄罗斯担心本国穆斯林受极端主义及其跨国行为的影响。

需要强调，大国在阿富汗没有固定不变的代理人。一方面，大国在不同时期的代理人可能不同；另一方面，阿富汗某一力量可能成为不同大国的代理人。代理关系的形成和变化归根结底取决于利益及其变化。比如，抗苏战争期间，巴基斯坦和沙特阿拉伯支持穆贾西丁，20世纪90年代两国转而支持塔利班讨伐穆贾西丁，动机又各不相同。伊斯兰堡是为了连通中亚的贸易和油气管线，确保从奎达到坎大哈到赫拉特的交通要道，因为该要道沿途地区当时在塔利班手中[1]。利雅得支持塔利班则是为了换取塔利班加强对本·拉登的管束，使之"保持安静"，不要再公开辱骂沙特王室[2]。2001年年底以来，巴基斯坦和沙特都不再公开支持塔利班。1998年，伊朗险些同塔利班政权开战。但2007年开始，美国多次指责伊朗给塔利班提供致命性武器。

第二，随着恐怖主义和毒品泛滥成灾，阿富汗大国政治变得更加复杂。

与20世纪80年代不同，美国在2001年重返阿富汗，不是针对"霸权国家"，不是为了大国权势斗争，而是为了惩罚基地组织（非国家行为体）及其庇护者（国家政权）。也就是说，阿富汗战争本身不属于传统的大国政治范畴。但是，反恐战争至少从三个方面增加了阿富汗大国政治的复杂性：

● 战争改变了阿富汗的国体和政体，反叛运动持续高涨，政局动荡不宁，为代理人模式的延续提供了有利条件。

● 战争改变了本地区大国在阿富汗的力量对比，印度影响

---

[1] Barnett R. Rubin, *Afghanistan From the Cold War Through the War On Terror*, New York: Oxford University Press 2013, pp. 32–33.

[2] Wright Lawrence, *The Looming Tower*, New York: Knopf 2006, chap. 13.

力急剧提升,俄罗斯加快返回南亚的步伐。

● 阿富汗恐怖主义和毒品被视为国际社会的共同威胁,但并未促成大国间的精诚团结,反而增加了大国政治的砝码和矛盾,加深了部分国家间的战略互疑。美国同俄罗斯在反毒领域的相互攻讦、美巴在反恐和"安全天堂"方面的争吵都表明,国际社会在理性和原则层面关于共同威胁/共同利益的认知,难以超越具体国家利益的分歧与差异,而地理因素是具体利益差异与政策偏好差异的重要成因之一,因为各国面临的"共同威胁"在紧迫性和危险性方面都不相同,阿富汗极端主义、恐怖主义和毒品跨国流动直接威胁的首先是其周边国家。

有学者乐观地相信,新的全球挑战,特别是恐怖主义和毒品等共同威胁,可以增强国际合作,推动世界进入和平安全的"黄金时代"①。但是从阿富汗目前的状况来看,合作的机制层出不穷,成果却寥寥无几。

第三,相关国家间既有的矛盾敌对、防范和仇视,是阿富汗大国政治的原动力。

美国—俄罗斯、沙特阿拉伯—伊朗、印度—巴基斯坦之间的明争暗斗既不是发端于阿富汗,也不局限于阿富汗。它们在阿富汗的较量是其既有矛盾冲突在空间上的延展,从属于它们各自的地区—全球战略和外交;阿富汗大国政治既可能部分释放大国在其他地区积累的矛盾张力,也可能被大国用作向对手或潜在对手施压的工具,以及培育盟友和伙伴关系的交易平台。美巴关系在反恐战争之初的极大改善及其在2011—2012年的恶化是一类例子,而另一类例子则如美国同伊朗关系。

美国同阿富汗谈判签署战略伙伴关系协定和双边安全协定

---

① 详见 Christopher J. Fettweis, *Dangerous Times? The International Politics of Great Power Peace*, Washington D. C.: Georgetown University Press, 2010。

的过程中,最大的抗议声始终来自伊朗。德黑兰要求喀布尔承诺美阿战略伙伴关系不针对伊朗、阿富汗领土不被他国用作对伊朗发动军事或情报行动的根据地。卡尔扎伊总统坦诚地表示,阿富汗无意针对伊朗,但阿富汗政府"没有能力阻止美国利用阿富汗领土针对伊朗"。2007年伊—美核对抗升级,华盛顿扬言要对伊朗实施政权更迭和先发制人打击,伊朗则声称如果遭受美国打击,将全力回击美国在阿富汗和伊拉克的军队,完全不考虑同后两者的双边关系。事实证明,伊朗的强硬表态是美国最终保持了战略克制的重要因素之一[1]。

第四,阿富汗社会政治经济正进入转型期,但其大国政治没有转型。

阿富汗转型大体分两类。一是程序或手续上的转型。其要旨是阿富汗问题"阿富汗化",即欧美高唱的阿富汗人自己承担国家安全稳定和建设责任的论调。这一转型始于2011年美国开始撤军和移交安全责任。目前,阿富汗一线安防已完全由阿富汗国民安全力量负责,2014年12月底,国际安全援助部队降旗收兵。二是实质转型。2014年12月底阿富汗新政府强调,要用未来十年左右的时间努力完成政治、安全和经济转型,实现国家和平稳定、团结繁荣[2]。实质转型由此启动,但未来面临诸多挑战,包括民族团结政府如何能够克服族群、党派、政见纷争而正常运转,如何实现政治和解,如何实现经济自力更生等。

阿富汗的大国政治没有出现"转型"迹象。阿富汗战争确已结束,但美国没有离开。2011年以来,美国一再公开表示不会抛弃阿富汗,《美国—阿富汗战略伙伴关系协定》和《美国—

---

[1] Barnett R. Rubin, *Afghanistan from the Cold War through the War On Terror*, New York: Oxford University Press 2013, pp. 428 – 429.

[2] "After Pivotal 2014, Afghanistan Faces New Challenges with Less Help", Dec. 22, 2014, http://www.afghanistannews.net/index.php/sid/228769359.

阿富汗双边安全协定》把两国绑在一起。2014年，北约峰会承诺对阿富汗军费支持将持续到2017年。撤出战斗部队以后，北约还将继续帮助培训阿富汗国家安全力量。2016年北约峰会又把军费支持延续到2021年。实际上，不能排除美国未来扩大在阿富汗存在的可能性。2014年12月，五角大楼宣布增加驻军1000人，阿富汗加尼总统要求美国放慢撤军速度并已得到美国新任国防部部长卡特的初步认可。① 到2017年初，美国在阿驻军为8400人，而原计划是到2016年年底驻军减为5500人。

就此而言，阿富汗没有出现权力真空，大国政治始终存在。

第五，当前和未来一段时期，阿富汗重建平台上的大国政治主要以四种方式铺开：竞争性乃至排他性的一体化方案、能源管线/交通要道政治、资源开发和行业规范、发展援助。

主权平等、维护世界和平，帮助阿富汗实现稳定繁荣，已成为21世纪国际社会的基本原则共识。在这个道义语境中，大国在阿富汗政治舞台上不致公开武装对抗，但关系更加微妙。目前可以观察到的大国政治竞争至少有三种类型：

● 主导中南亚地区整合，控制管线和交通要道。美国和地区主要大国都各有中南亚地区一体化构想。以阿富汗问题为中心，出现了同一个地区、多个不同一体化方案的局面，谁的一体化方案能够最终落实，谁将主导该地区的未来整合，其中的国际政治意蕴不言而喻。

● 资源开发及其行业规范。这个领域大国竞争将包括话语

---

① Phil Stewart, "US to Keep More Troops in Afghanistan as Violence Spikes", Dec. 9, 2014, http://in.reuters.com/article/2014/12/06/afghanistan-military-idINKBN0JK0GC20141206. Julian E. Barnes and Adam Entous, "Afghan Leader Seeks to Slow US Troop Drawdown", Dec. 9, 2014, http://www.wsj.com/articles/afghan-leader-seeks-to-slow-u-s-troop-drawdown-1417997085. "S Considers Slowing Military Withdrawal from Afghanistan", *The Washington Post*, Feb. 21, 2015.

权和道义—舆论、企业环境和文化保护技术能力、阿富汗矿业开发制度和规范建设的主导权。

● 发展援助。发展援助始终与政治密切相关，绝非纯粹的经济和道义行为。

总之，在公开场合，各国都表示希望阿富汗和平稳定，都同意阿富汗问题的出路在于政治和解；都强调地区机制和地区一体化的重要作用。然而，在"共同目标"和原则共识的基础上，各大国的战略目标和策略手段多有矛盾乃至对抗。大国政治正在侵蚀阿富汗—中南亚的地区经济合作、管线和基础设施建设、资源开发和发展援助。在大国政治逻辑的作用下，阿本身的和平发展正在被边缘化，与阿富汗3000万人民生活息息相关的"战后重建"，正变为大国政治的新平台。

三 阿富汗大国政治对中国的启示

当前阿富汗的大国政治，对我们有如下启示：

1. 各国逐利而来，有竞争也有合作

2010年前后，西方媒体一致认为，丰富的矿产资源将是阿富汗发展经济、消除贫穷的一条出路[1]。但实际上，在矿产资源为阿富汗经济带来明显收益之前，大国已经开始了争夺和相互牵掣。阿富汗作为战略交通要道的地缘优势，将加剧大国间竞争。经济领域的资源和能源管线规划建设，已延伸到政治和舆论宣传领域。

与此同时，相关国家合作机制和合作意识在增强。无论如何，经济利益必须首先有实现的总体可能性，才谈得上如何为其归为己有而竞争。要在阿富汗实现长期经济利益，必须尽力

---

[1] Michel Chossudovsky, "The War is Worth Waging: Afghanistan's Vast Reserves of Minerals and Natural Gas", *Global Research*, June 16, 2010, http://globalresearch.ca/the-war-is-worth-waging-afghanistan-s-vast-reserves-of-minerals-and-natural-gas/19769.

恢复和平稳定。因此，未来各国竞争性的经济利益可能导致重叠的政治利益作为合作的基础。目前各种制度建设正在紧锣密鼓地展开。这是一个机遇，可以用来塑造有利于中国的地区合作机制和投资运营机制。

2. 管线政治和援助政治将愈演愈烈

19世纪大博弈主要围绕地缘政治而展开。20世纪美苏在阿富汗的较量是两极全球争霸的一个环节，援助是主要手段。近年来，大国围绕管线布局和能源资源的竞争正在展开，其目的是争夺中南亚经济安全的控制器和主导权。当前和未来一段时期，能源管线的战略重要性就如同19世纪铁路交通线路一样，直接决定一国的实力地位。如前所述，多个国家在阿富汗推进各自的能源管线网络。有人称美国在中南亚地区的政策是"管线驱动的"①。不过，这场管线博弈目前还处于幕布背后，各国在前台有一个共同的公开旗号：发展阿富汗经济，推进地区一体化。

中国也有自己的管线和资源战略，并已在阿富汗拿到两个大型投资项目的合同。中国给阿富汗提供的发展援助相较于雄心勃勃的印度而言，显得过于小气②，中国甚至没有参加"亚洲之心进程"的基础设施小组。印度依靠经济发展援助，同卡尔扎伊政府建立了非同寻常的友好关系，并在阿富汗社会赢得了良好的声誉。援助已成为印度在阿富汗的一个有效政治工具。

---

① John Foster, "Afghanistan and the New Great Game", Aug12, 2009, http://www.thestar.com/opinion/2009/08/12/afghanistan_and_the_new_great_game.html.

② 2016年9月，阿富汗总统加尼访问新德里。印度承诺在未来五年内给阿富汗提供10亿美元援助。Kallol Bhattacharjee, "India, Afghanistan Sign Pacts Ask For End of Sponsorship of Terrorism", Sept. 15, 2016, http://www.thehindu.com/news/national/india-afghanistan-expand-ties/article9107273.ece?homepage=true.

2014 年美国和北约军队撤离后，阿富汗面临外援资金大幅度减少的困难。中国应加紧认真研究印度援助阿富汗的做法和经验，适当增加援助数量，在阿富汗为投资项目的顺利开展、树立良好的大国形象奠定基础，赋予中阿战略合作伙伴关系以真正的现实意义。

3. 在地区一体化领域，不能简单臆想大国的"善意"和"友好"

美国、俄罗斯、印度和伊朗都有自己的中南亚地区一体化构想，相互之间的较量将会持续一段时间。美国试图用 TAPI 取代伊朗的 IPI/IP，俄罗斯力图通过参与 TAPI 来削弱美国的主导地位，都是这一较量的形式。较量的第三种形式可能是"排斥"，比如美国的"新丝绸之路"计划不包含中国和伊朗，印度也公开明确反对让中国工程师参与 TAPI 项目的管线修建，因为那"将使北京在该地区更具影响力"①。

基于此，不能过于主观地臆想大国的"善意"。当然，"阴谋论"作为一种分析方法已声名狼藉，绝大多数人都对其嗤之以鼻。但是，阿富汗的历史说明，大国政治中的确存在阴谋，尽管这些阴谋未见得都是处心积虑或蓄谋已久的；一些偶然的意外事件可能决定或改变历史方向，"9·11"事件就是如此。

在理性前提下，"阴谋"存在与否的问题，归根结底与对人性善恶的基本判断相关。中国文化中，"性善"论和"性恶"论兼而有之。但在基督教政治文化中，原罪信仰根本否认人人都是天使的假设。美国在可预见的将来会以某种方式继续留在阿富汗，无论它当年到来是起因于一个多么意外的事件，十多年它在此付出的代价和所获政治经济收益，都使它难以彻底迅

---

① David Piper, "The Great Game of Influence in Afghanistan Continues but with Different Players", *Fox News*, http://www.foxnews.com/world/2012/06/09/great‐game‐influence‐in‐afghanistan‐continues‐but‐with‐different‐players/.

速离开。美国在阿富汗经营多年，已通过政权建设、经济援助、NGO 和地方治安力量培育等方式，渗透到阿富汗政治经济生活的方方面面，拥有别国无法比拟的资源优势，包括民主价值观、制度、盟友、机制、情报网络等。无论中国是否愿意，美国已有战略家称中国为挑战者，从布热津斯基到约瑟夫·奈的论述中，都不难发现这一定位①。

俄罗斯主导中亚的政治意志可追溯到沙皇时代，未来它将尽力维护对中亚的总体主导权，维护在中亚的绝对优势。莫斯科正努力向南拓展，现已开拓了同巴基斯坦的关系，重新巩固了同印度的战略伙伴关系，正联手印度从南北两端推动中南亚地区一体化进程。舆论普遍认为，中国同哈萨克斯坦达成管线协议，是俄罗斯决定参与 TAPI 的重要动因。西方媒体还认为，中国提议修建土库曼斯坦—阿富汗—塔吉克斯坦—中国天然气管线（TTAC），"相当于在整个地区的地缘政治中扔下一颗炸弹"，因为这条管线"对俄罗斯来说可能是灾难性的影响"②。

一叶知秋，中国推进"丝绸之路"经济带战略将会遭遇各方阻力和压力。在这种情况下，如果继续以"无阴谋论"去面对"阴谋论"者，或许可以博得道义喝彩，但在实践中可能是危险的。

4. 阿富汗大国政治给中国外交提出新的课题

历史表明，大国在阿富汗极少直接交战和冲突，而是主要依靠本地代理人来较量和对抗。在可预见的将来，各国在阿富汗依然会继续谋求政府层面的公开合作和共识，同时通过代理人进行暗中较量。

---

① 约瑟夫·奈称中国是美国的四个基本挑战者之一。约瑟夫·奈：《美国注定领导世界？美国权力性质的变迁》，刘华译，中国人民大学出版社 2012 年版，第 99 页。

② Masood Aziz, *Afghanistan: the Geopolitics of Regional Economic Integration*, Norwegian Peacebuilding Resource Centre, Sept. 2012, pp. 24–25.

阿富汗政治文化传统给寻找代理人的外国力量提供了可能性，非国家行为体一直有强大的政治影响力和不服从意识（独立意识）。与此同时，在阿富汗的稳定和平安全与多国利益直接相关、但却难以实现的情况下，阿富汗局势越不安全或者越难控制，各国就越是加紧寻找和培育代理人。

要充分考虑到中国—巴基斯坦友好关系将会面临的压力。首先，在阿富汗问题上，国际舆论长期指责巴基斯坦，中巴关系对美国而言具有战略价值，即借中国之手向巴基斯坦施加压力。比如，华盛顿可能多层面造势并利用中国对激进极端主义、分裂主义的担心，拉拢中国"共同维护地区安全"，通过中国对巴基斯坦施加外交压力。其次，国际舆论倾向于通过印度棱镜来看待中巴关系，进而认定中国是印度的战略对手，中国在阿富汗的投资也被认为是谋求"在阿富汗对抗印度的砝码"[1]。总之，中国长期奉行的不干涉他国内政、睦邻友好的对外政策，在中南亚地区没有宽松环境。

毒品和恐怖主义是威胁本地区政治安全的重要因素。这两大问题既有国内根源也跨越国界，相关国家在治理方面的相互依赖正在加深，但互信合作还没有完全确立。阿富汗当前的困境表明，一旦某些被公认为共同威胁的问题长期得不到有效解决，相关国家就会互相指责，比如巴基斯坦在恐怖主义问题上、伊朗在毒品问题上所承受的西方舆论压力。如何确保阿富汗的国内和国际玩家不相互拆台，将是国际社会未来在阿富汗面临的重要考验，中国也必须设法交出答卷。

总体而言，中国同阿富汗在经济上具有极强的互补性，中

---

[1] Stina Torjesen, "Fixing Afghanistan: What Role for China", *Noref Policy Brief*, No. 7, June 2010, Norwegian Peacebuilding Centre, p. 3. Nicklas Norling, "The Emerging China – Afghanistan Relationship", *Central Asia – Caucasus Institute Analyst*, May 14, 2008, http://old.cacianalyst.org/?q=node/4858.

国有阿富汗急需的资金和技术，阿富汗有中国需要的资源和通道。但在阿富汗特殊的政治生态中，如何把客观的互补性顺利转为互利合作并使之正常运转，却是一个相当复杂的问题。

附录一　18—19世纪阿富汗国王及其在位时间

1747—1772年　阿赫迈德·沙·杜兰尼（Ahmad Shah Durrani）
1772—1793年　提姆尔·汗（Timur Khan）
1793—1800年　扎曼·沙（Zaman Shah）
1800—1803年　马赫穆德·沙（Shah Mahmud）
1803—1809年　舒贾·沙（Shah Shuja）
1809—1818年　马赫穆德·沙（Shah Mahmud）第二次当政
1819—1839年　多斯特·穆罕默德·汗（Dost Mohammed Khan）
1839—1842年　舒贾·沙（Shah Shuja）第二次当政
1842—1863年　多斯特·穆罕默德·汗（Dost Mohammed Khan）第二次当政
1863—1866年　希尔·阿里·汗（Sher Ali Khan）
1866—1867年　莫哈迈德·阿夫扎尔·汗（Mohamed Afzal Khan）
1867—1869年　莫哈迈德·阿萨姆·汗（Mohamed Azam Khan）
1869—1879年　希尔·阿里·汗（Sher Ali Khan）
1879年　　　　穆罕默德·雅库布·汗（Mohammed Yakub Khan）
1880—1901年　阿卜杜·拉赫曼·汗（Abdur Rahman Khan）

附录二　20世纪阿富汗君主在位年表

1901年10月—1919年2月
哈比布拉·汗（Habibullah Khan）
1919年阿富汗独立
1919年2月—1929年1月
阿曼努拉·汗（Amanullah Khan）
1929年1月—10月
哈比布拉·卡拉坎尼①（Habibullah Kalakanni，塔吉克族）
1929年10月—1933年11月
穆罕默德·纳迪尔·沙（Nadir Shah）
1933年11月—1973年7月
穆罕默德·查希尔·沙（Zahir Shah）
1973年7月—1978年4月
穆罕默德·达乌德·汗（Daoud Khan）总统
(1978年四月革命，杜兰尼王朝被推翻，人民民主党政权建立)

---

① 有史书称之为巴恰·沙考，音译自Bacha Saqao。这是对这位塔吉克族君王的蔑称，其意为"挑水夫的儿子"。

附录三　阿富汗人民民主党政权：总统任期及其派别

1978年4月—1979年9月
塔拉基（Noor Mohammad Taraki，人民派）
1979年9—12月
阿明（Hafizullah Amin，人民派）
1979年12月—1986年5月
卡尔迈勒（Babrak Karmal，旗帜派）
1986年5月—1992年4月
纳吉布拉（Mohammad Najibullah，旗帜派）

附录四 当前阿富汗人口的构成：主要族群、语言和信仰

族群	人口比例（%）	主要语言	伊斯兰教派
普什图人	40	普什图语	主要为逊尼派
塔吉克人	25	达里语	主要为逊尼派
哈扎拉人	20	达里语	什叶派
乌兹别克人	7	乌兹别克语	逊尼派
土库曼人	3	土库曼语	逊尼派
俾路支人	3	俾路支语	逊尼派

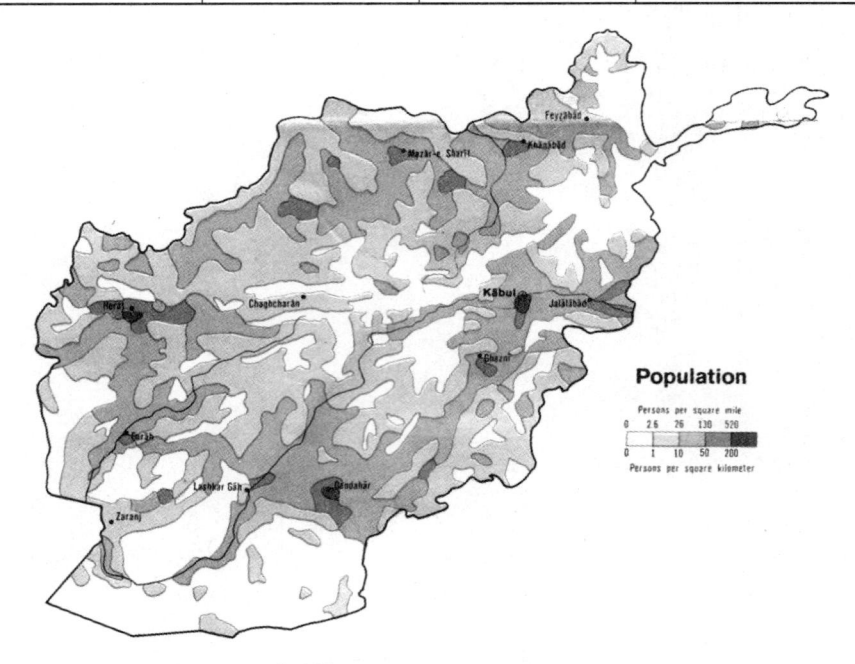

阿富汗居民的地区分布（人口密度）

附录五　阿富汗 34 个行省的基本情况[①]

省	面积（万平方公里）	人口（万）	省会城市
巴达赫尚	4.48	96.6	法扎巴德
巴德吉斯	2.08	50.4	卡莱瑙（瑙堡）
巴格兰	1.82	92.7	普勒霍姆里
巴尔赫	1.61	135.3	马扎尔谢立夫
巴米扬	1.80	45.4	巴米扬
戴昆迪	1.75	46.8	尼利
法拉	4.93	51.6	法拉
法里亚布	2.08	101.5	梅马内
加兹尼	2.24	124.9	加兹尼
古尔	3.66	70.1	恰格恰兰
赫尔曼德	5.83	94.0	拉什卡尔加
赫拉特	5.58	192.8	赫拉特
朱兹詹	1.13	54.9	希比尔甘
喀布尔	0.45	452.3	喀布尔
坎大哈	5.48	125.2	坎大哈
卡皮萨	0.19	44.8	马赫穆德埃拉基
霍斯特	0.42	58.4	霍斯特
库纳尔	0.49	45.8	阿萨达巴德

[①] https://www.citypopulation.de/Afghanistan.html，人口和面积的数字均为四舍五入，人口采用 2016 年数据。

续表

省	面积（万平方公里）	人口（万）	省会城市
昆都士	0.81	102.9	昆都士
拉格曼	0.39	45.2	米特拉姆
卢格尔	0.45	39.8	普勒阿拉姆
楠格哈尔	0.76	154.5	贾拉拉巴德
尼姆鲁兹	4.24	16.8	迪拉腊姆
努里斯坦	0.92	15.0	帕隆
乌鲁兹甘	1.14	35.6	塔林科特
帕克蒂卡	1.95	44.2	沙兰
帕克蒂亚	0.55	56.1	加德兹
潘季希尔	0.37	15.6	巴扎拉克
帕尔万	0.57	67.5	恰里卡尔
萨曼甘	1.34	39.4	艾巴克
萨尔普勒	1.64	56.9	萨尔普勒
塔哈尔	1.24	100.0	塔卢坎
瓦尔达克	1.03	60.6	迈丹城
查布尔	1.74	30.9	卡拉特

附录六　各国对阿富汗的发展援助承诺(2002—2011年)

国家	承诺援助金额（亿美元）	已到位金额（亿美元）
美国	573.83	475.24
日本	38.21	38.21
英国	25.74	25.78
德国	24.35	9.78
印度	15.88	7.59
加拿大	13.71	13.71
荷兰	11.09	11.10
澳大利亚	9.53	8.06
挪威	8.52	7.12
瑞典	7.36	7.36
意大利	6.97	5.89
丹麦	5.03	5.03
伊朗	3.99	3.67
法国	3.76	1.99
土耳其	2.26	1.93
西班牙	2.20	1.94
芬兰	1.78	1.78
阿拉伯联合酋长国	1.69	1.51
俄罗斯	1.51	1.47
沙特阿拉伯	1.40	1.03

续表

国家	承诺援助金额（亿美元）	已到位金额（亿美元）
中国	1.39	0.58
瑞士	1.38	1.20
韩国	1.16	0.83
捷克	1.11	1.05
比利时	0.61	0.57
新西兰	0.4	0.4
波兰	0.3	0.28
爱尔兰	0.22	0.21
科威特	0.19	0.19
卢森堡	0.12	0.11
匈牙利	0.06	0.05
立陶宛	0.05	0.05
奥地利	0.05	0.05
巴基斯坦	0.05	0
文莱	0.04	0
希腊	0.02	0.01
新加坡	0.02	0.02
爱沙尼亚	0.01	0.01
葡萄牙	0.01	0

资料来源：Ministry of Finance, Islamic Republic of Afghanistan, *Development Cooperation Report* 2012, pp. 48 – 49, http：//www.undp.org.af/Publications/2013/Development%20Cooperation%20Report%20 - %202012.pdf。

注：其中有关中国的数字不同于前面正文所引中国外交部的数字。

附录七 非主权国家行为体对阿富汗的援助(2002—2011年)

组织名称	承诺金额（亿美元）	到位资金（亿美元）
欧盟	30.77	28.16
亚洲开发银行	24.00	11.29
世界银行	23.78	18.52
联合国	4.46	1.82
阿加汗发展网络（Agha Khan Development Network）	1.40	1.40

资料来源：Ministry of Finance, Islamic Republic of Afghanistan, *Development Cooperation Report* 2012, pp. 48 – 49, http://www.undp.org.af/Publications/2013/Development%20Cooperation%20Report%20-%202012.pdf。

附录八　2012—2014年阿富汗可获外援预期（单位：百万美元）

年份 发展伙伴	2012	2013	2014
亚洲开发银行	213	198	219
澳大利亚	208		
加拿大	25	100	
捷克共和国	7		1
丹麦	64	40	64
欧盟	78	58	207
芬兰	23	6	29
法国	39	25	52
德国	312	711	
印度	500	399	
意大利	97	10	52
日本	799	144	
荷兰	100	35	42
新西兰	8	24	3
挪威	56	5	
波兰	7		
瑞典	82	23	
瑞士	18		
土耳其	14		

续表

年份 发展伙伴	2012	2013	2014
英国	393	194	
美国	3137	1897	
世界银行	210	614	110
立陶宛		1	
UNDP		36	

资料来源：Ministry of Finance, Islamic Republic of Afghanistan, *Development Cooperation Report* 2012, p. 54, http：//www.undp.org.af/Publications/2013/Development%20Cooperation%20Report%20-%202012.pdf。